労働組合とは何か

木下武男
Takeo Kinoshita

岩波新書
1872

はじめに

労働組合への不信、政治への過剰な期待

いつまでたっても楽にならない、つらい仕事、貧しい暮らし。転職しても変わらない。怒り、あきらめ、先が見えない不安が日本をおおっている。

こんなときこそ労働組合が頼りになるはずではないか。労働組合は、貧しい虐げられた者たちが身を守り、生きるために闘う武器だったはずだ。世界を見渡せば、労働組合は今も働く者にとって、なくてはならない支えとして存在しつづけている。

だが今の日本では、多くの人にとって労働組合は縁遠いものだろう。何をしているのかわからない。メディアをつうじてその存在を知らされるのは、何かの反対運動をしているときと、春闘で大企業の賃上げが報道されるときぐらいだ。貧しく不安な生活をかかえている人々に、労働組合は役に立ってはいない。

現状はそうでも、苦しい状況を乗りこえていく力になるのは、労働組合をおいて他にない。

ところが多くの人は、生活が苦しいのは政治のせいであり、政治さえ変えればよくなると思

っている。政党も、政治を変えれば世の中がよくなるかのように喧伝《けんでん》する。政治を変えるのが政党の役割だから、そう主張するのも当然かもしれない。

しかし、労働者の働き方を変えられるのは、政治家でも、官僚でも、裁判官でも、警察でもない。労働組合なのだ。

なぜなら、社会には社会のルールがあるからだ。働き方は、労使自治というルールにもとづいて決められる。労働組合と経営者が交渉し、話し合いで決めるのだ。その取り決めこそが社会の根本である。政治が決める国の制度はその後にくるものだ。現在は絶対主義の時代でもないし、日本は専制国家でもない。労働者の働き方は国家の権力が決定するのではない。労使が交渉し、対立し、そして妥結する。この労使自治のフィールドでこそ働き方は決められる。

そこで重要なのは、この勝負を決めるのは労使の実力にかかっているということだ。日本では労働組合の力は極端に弱い。だから経営者のやりたい放題になっている。

それではなぜ弱いのか。労働組合の力の有無は、闘う意欲の問題ではない。実力の弱さの根源には、そもそも日本の労働組合が「本当の労働組合」ではなかったことにある。この本では、この「本当の労働組合」とそれを形成するエネルギーをユニオニズムと呼ぼう。

実は「本当の労働組合」の「種」は、戦前の時点で日本にもち込まれていた。だが、その花を咲かせることはできなかった。戦後になり、その「種」は日本の土壌で育つうちに、やがて世界では見ることのない土着の花を咲かせてしまった。その花が旺盛に咲いた時期もあった。だが、それは咲いても咲いても実を結ばない「あだ花」だった。やがてその花もしぼんでしまった。この土着の花こそ企業別労働組合である。

それならば企業別組合の過去を清算して、新たに「本当の労働組合」＝世界標準の産業別組合をめざせばいいはずだ。しかし、戦後日本の労働運動は企業別組合と決別することができなかった。なぜかというと、企業別組合は、年功賃金と終身雇用制とともに、日本的労使関係という雇用システムを支える柱だったからだ。

このシステムのもと戦後の労働と生活は、年功賃金によって賃金は黙っていても定期的に上がった。終身雇用制によって雇用も定年まで守られた。自分の会社さえ発展すれば生活は安心できる。これが、会社人間と呼ばれる人々の働き方だった。

しかし、会社人間としての暮らしはほんとうに幸せなものだったのだろうか。過労死・過労自死、単身赴任、父親不在の家庭など、あまりに多くの問題をかかえていた。人生のエネルギーをすべて会社に吸い取られ、孤独な老後を送っている元会社人間も多い。

だが、肝心の年功賃金と終身雇用の時代はもう過ぎ去ってしまった。経営者は、長期にわたる景気の後退と雇用の悪化に対応して、二〇〇〇年代から、日本的雇用慣行をほとんど捨ててしまった。経営者の方が過去と決別したのである。その結果として出現したのが、若者や女性を中心にした貧困と過酷な労働、雇用不安といった悲惨な状態だ。この事態を前に、古い企業別組合は、どう対処したらよいのかわからず立ちすくんでいるかのようにみえる。

歴史から現在の実践へ

では、どうすればよいのか。先に進むことだ。日本的雇用慣行に代わる新しい働き方と暮らし方を構築することが急がれている。

そのためには、日本とは違う別の世界を知ることが大切だろう。ヨーロッパ社会を眺めてみると、そこには「本当の労働組合」を生み出したユニオニズムの伝統が古くから根を下ろしている。日本とはまったく異なる穏やかな働き方と、質素ではあるが豊かな暮らし方がある。移民や失業者が増え、新自由主義の攻撃によって大きく揺らいではいるが、産業別労働組合と福祉国家の大枠は崩れていない。

賃金は年齢や勤続、男性・女性、雇用形態にかかわらず、職種・職務など就いている仕事で決まる。賃金が毎年上昇することはないが、家族生活を営めるだけの基本給が支払われる。普通の人はきちんと仕事さえしていれば、いちいち人事査定されることはない。仕事は、限定された職務を、決められた労働時間のなかでこなせばよい。日本のように、職務があいまいで際限のない労働を強いられることはないので、過酷な労働や、まして過労死・過労自死とは無縁だ。大幅な残業がないので、家族そろっての夕食が当たり前になっている。年間の休日もたくさんあるので、みんなバカンスを楽しんでいる。

戦後つづいてきた企業頼みの生活、企業に縛りつけられた労働、家族を犠牲にした暮らし、それらから解放され、自分の人生や仲間を大切にする。日本における産業別組合の創造とは、このような暮らし方を実現することを意味している。

本書は大きく三つの柱に分かれている。

第一は、労働組合の理論を歴史のなかからつかみとる課題だ。この国はユニオニズムの歴史をもっていない。ユニオニズムを生み出す土壌となった中世ギルドの伝統もない。そのため、まずは「本当の労働組合」がどのように生まれたのか、その歴史をたどる必要がある。

第二は、ユニオニズムの理論をつかみとる課題である。労働組合の目的と機能、方法を考えていく。その理論は、労働組合運動の長い歴史から導きだされた原理であり、だからこそ普遍性をもち、したがってこれからの運動の羅針盤になるだろう。

第三は、「労働組合の未来」を構想することである。どのようにして「本当の労働組合」を創るのか、その創り方について検討していく。企業ごとではなく、業種や職種を枠組みとしたさまざまな労働組合に、労働者が個人として参加していくという姿をイメージしてほしい。

日本でユニオニズムの花を咲かせることは想像を絶するほどの難事業だ。それでも歴史に学び、理論に導かれ、日本の現状に適用すれば、やがてなしとげることができるだろう。本書は、これから日本で「本当の労働組合」の種を蒔《ま》き、育て、花を咲かせる、その歴史的な挑戦のための手引書である。

目次

目次

第一章　歴史編1

ルーツを探る

――「本当の労働組合」の源流は中世ギルドにある――

1　労働組合の遠祖・ギルドの原理

労働組合とは何かを学ぶ書物は、ほとんどが産業革命期の労働組合の誕生から始まる。しかし、労働組合の根本は、もっと時代をさかのぼらないと十分にはつかめない。そこでまずは、「労働組合の考古学」から始めることにしよう。労働組合の遠い先祖をたどってみると、二つの源流が存在することがわかる。

一つは、労働組合の機能の源流だ。労働組合は資本主義とともに誕生したが、生活を守る方法は中世の自営職人と大変に似ている。

もう一つは、労働組合の自治の領域における闘い方の源流だ。「はじめに」で労働組合は労使自治のルールのもとで闘うと述べた。その闘いは、市民社会の自治的な領域でこそ可能になるし、必要となる。そのような自治の空間は日本にはなかったが、ヨーロッパ中世にはあった。それが中世市民社会だ。

職人のギルドと徒弟制

ギルドというと、特権的な身分といったイメージが流布している。実際はどのような集団だったのだろうか。

中世ヨーロッパの職人たちは、すべてギルドに加入しなければならなかったし、また、ギルドによって保護されていた。ギルドは商人と手工業者に分かれ、手工業者のギルドはクラフト・ギルド、ドイツではツンフトと呼ばれていた。労働組合の遠祖にあたるのは、このクラフト・ギルドの方だ。

彼らは自営の職人たちだった。道具を自分で所有し、原料を買い、みずから働いて製品をつくり、その製品を販売していた。現代の労働者が生産手段をもたず、自分の労働力を資本に売ることで生活を成り立たせているのとは、階級的な違いがある。雇われるのではなく、自営で職業を営んでいた。職業は例えばパンを焼く職人や、靴をつくる職人、衣服を縫う職人、石を切る石工、家をつくる大工などだ。その職業ごとに一つのギルドがあり、都市の市民生活はこれらさまざまなギルド職人の労働と経営で支えられていた。

ギルドはイタリアでは一〇、一一世紀に、次いでフランスにおいて一二世紀に成立した。やや遅れて一二、一三世紀にはイギリス、ドイツでも誕生した。その後の一四、一五世紀はルネサンスと宗教改革の時代であり、ヨーロッパは暗い閉ざされた世界からの転換を迎える。その背景には都市の興隆や農業の発展があった。

クラフト・ギルドの最大の特徴は、徒弟制度という技能養成システムによって支えられていたことだ。手工業者は三つの区分に分けられていた。親方、職人、徒弟という技能・身分上の階梯だ。この階段を、徒弟から親方まで上りつめていくことになる。

職業技能の養成のあり方はギルド組織が決めていた。技能を教え込むのは個々の親方だが、徒弟を受け入れるかどうかの決定権は個々の親方にはなく、ギルド組織にあった。新しい徒弟は、ギルドの集まりの場でおごそかに親方へと引き渡された。徒弟は親方の家に住み、親方は父親の権利と義務を引き継ぎ、技能を教え込み、一人前の職人に育て上げた。

徒弟期間が終わると、彼は職人として処遇される。徒弟期間はドイツではふつう四年、フランスでは六〜八年、イギリスでは七年だった。ギルドの集まりで徒弟期間の修了が確認され、職人たちは盛大な儀式をおこなって仲間に迎え入れた。このような技能養成の仕組みをみずからつくりあげ、掌握していたところにギルドの力の源泉があった。

徒弟期間を終えた職人は遍歴の旅にでる。いろいろな親方について腕をみがいた。故郷の町を離れても、新しい職人は「どこへ行っても職人たちが好意的に世話をしてくれ、ツンフト会館に泊まって、やがて新しい親方のもとで仕事とパンにありつくことができた」(プレティヒャ、一九八二)。こうして彼らは町から町へと遍歴の旅をつづけた。

ギルド組織はこの徒弟制度の頂点に立つ親方によって構成されていた。腕をみがいた職人が親方になるには試験に受からなければならない。親方昇任の審査作品を製作し、それが認められて初めて親方になれる。そうして自分で仕事場を開き、親方になることができた。仕事場には一人の親方に対して二、三人の年季の明けた職人、一人の徒弟がいるというのが一般的だった。

ギルドの原理――「対内的平等」

ギルドには掟《おきて》があった。この掟こそ労働組合機能の源流に他ならない。マックス・ウェーバーは「西洋中世のツンフトの精神」は、競争に対して仲間の営業を守ることを、その「命題」にしたところにあると述べた。この目的を達成する手段として「対内政策」と「対外政策」があった(ウェーバー、一九五四)。それがギルドの「対内的平等」と「対外的独占」という二つの原理だ。この二つの原理がユニオニズムに深くかかわっている。

「対内的平等」は都市という限られた市場のなかで、成員みんなが営業と生活が成り立つようにするための原理だった。「対内的」とはギルド共同体の内部との意味である。それではなぜ平等なのか。限られた市場で、仲間が誰ひとり没落せずに暮らしていくには競争を野放しにしてはならない。ほうっておけば、屈強でいくらでも働ける強者や財力のある者が他を打ち負かし、共同体を支配するだろう。そうならないようにするには自由な競争で彼らがのし上がることができないようにすればよい。仕事をめぐる平等な基準を設定する。その基準をギルドの成員に守らせる。そのことで競争は排除され、共同体は保全される。これが競争規制の原理だ。この平等こそが「ギルドの全機構の根底にあってその強さの本質をなしていた」ものだった(ブレンターノ、一九八五)。

この「対内的平等」の掟は、文書で定められている。図1は、年季の明けた徒弟が職人の仲間入りをするその儀式を描いている。テーブルの上にある容器はラーデといって、その中にツンフトの規約などの公式文書が入っている。ラーデの前で、

出所：川名他(1987)

図1　ラーデの前で宣誓する職人

徒弟が規約を守ると宣誓しているのだ。これで晴れて職人になれる。

掟には平等の基準が書かれている。平等の基準は生産方法と労働条件のすべてにわたっていた。生産方法としては、原料の入手方法や数量を規定し、また仕事場や店舗は一つに限定し、それ以上もってはならないことにしていた。道具の数や職人や徒弟の人数、その報酬、そして製品の数量や価格、販売の方法と場所、これらも統制されていた。また個人の発明や技術の改

良は、生産性のアンバランスを生むことになるとして禁止された。このように生産手段と労働コスト、販売価格が規制されていたわけである。

労働条件も対内的平等の大きな柱だった。労働時間はギルドの規約で細かく制限されていた。規約には日の出から日の入りまで以上に長く働くことや夜間に蠟燭《ろうそく》の灯で仕事をすることを厳しく禁止する規定、また、日曜と祝祭日、正午の鐘が鳴ったあとの土曜の就業禁止の項目もあった。

この労働時間の基準を守ることで生活の豊かさが保証された。「少数の者の過度に熱心な稼得欲にあおられて全体が競争によって過労を強いられ、いっさいの生活の喜びが破壊されるのを防止しようとする願い」からきたものだ(ブレンターノ、一九八五)。競争の規制は「生活の喜び」を守る手だてだったのである。

この「対内的平等」の原理によってこの時代の職人たちの労働は緩やかだった。封建社会というと、働く者が厳しく労働させられていたイメージがもたれがちだが、ギルドが存在しているところはそうではない。例えば一四〇〇年ごろのライン地方の諸都市には、仕事のない日曜祝祭日が一一〇日もあったという。職人たちはそれでもたりずに、日曜日に大いに飲んで二日酔いになるので、その翌日を「月曜休日」(ブルーマンデー)にしてしまい、労働時間をさらに短縮しようとした(プレティヒャ、一九八二)。

「対内的平等」によって自営職人の営業と生活は安定した。今日の資本主義社会でも、労働市場のなかでの労働者間競争を規制することによって、労働者全体の生活は安定する。のちに検討するように、ギルドの「対内的平等」の原理は時代を超え、その機能は労働組合に引き継がれている。

ギルドの原理――「対外的独占」

「平等」は「独占」がなければ崩壊する。ギルドの規制はそれがどんなに厳しくても、ギルドのメンバー以外にはおよばない。もしギルドに属さない職人でも、その区域で営業することができるとすれば、ギルド非加入者とギルド成員との競争が展開されることになる。すべての約束事は崩壊する。それを防ぐためにギルドは、「対外的独占」の原理をつくりあげた。

「対外的独占」とは縄張りである。ある職業の営業はそのギルドが独占し、ギルド以外の者が商品の製造や販売をしてはならないようにする。この取り決めは、ギルドのメンバーの自律的な結束で守られていた。例えば、同業者を強制的にギルドに加入させた。営業の独占を破る者を渡り者や縄張り荒らし、もぐりなどと呼び、排斥した。このようにギルドの独占が成り立っている地域は「禁制領域」と呼ばれていた。ギルドはこの独占の領域を、自分たちの職業の範囲、縄張りとして守ったのである。

また職業の範囲は細分化されており、大都市になるほどそれは著しかった。縄張りは、範囲が狭い方が防衛しやすいからだ。例えば蹄鉄鍛冶《ていてつかじ》の仕事は、蹄鉄をつくってそれを馬に打ちつけることに限られていた。他の道具をつくってはならなかった。鋤《すき》鍛冶は鋤をつくることが、鎌鍛冶は鎌をつくることが、職業の範囲と定められていた。刀鍛冶は刀を鍛造《たんぞう》することが仕事であり、刀剣研ぎ師は刀を研いで使えるようにするのが仕事だった。仕立屋では、ズボン縫い職人はマント製造職人とは違ったギルドに所属した。パン屋では、やはり菓子職人とパン焼き職人とが別のギルドに入っていた(プレティヒャ、一九八二)。

このようにして「対外的独占」は自分たちの職業の範囲を守り、また、互いに互いの仕事を荒らさず、共存するための原理として確立していた。

ギルドの相互扶助・親睦

ギルドはたんなる機能集団ではなかった。共同体の仲間同士の相互扶助と親睦の組織でもあった。ギルドの組合員の子弟の出産や結婚、組合員の病気や死亡についても、ギルドの組織が手助けをしていた。組合員の出生から埋葬までのすべてを共にする、相互扶助の組織でもあった。

ギルドの相互扶助の機能と精神は、のちの職人組合に引き継がれる。そこでも組合員の葬式は組合でとりおこなわれた。「死者の棺は組合旗でくるまれ、その上に職人のシンボルである杖が二本と、それに定規とコンパスが置かれる」というように、職業への敬愛がはらわれていた(川名他、一九八七)。

ギルドの時代、大きな都市には市参事会の建物や広場とならんで、豪華なギルドホールがあった。そこはギルドの会議の場所であるとともに、社交の場、親睦の場であり、結婚披露宴などもそこで開かれた。またギルドはそれぞれの居酒屋ももっていた。組合員はそこで、共に飲み、共に歌った。「仲間団体とは何よりもまず飲食を共にし、共に歌う団体でなければならなかった」(阿部、一九八六b)。仲間(コンパニヨン)とは共に(コン)パンを食べる者たち、という意味である。

このような同職の仲間による相互扶助と親睦の組織は、ギルド形成から一九世紀にいたるまで綿々と続いていった。

2　中世市民社会と日本でのその不在

「対内的平等」にしても、「対外的独占」にしても、その取り決めは国王が決めたのではない。都市の議会が決めたのでもない。みずから決めたギルドの規約を、みんなが自律的に守ることによって、その原理はつくりあげられた。ギルドは仲間同士の「自律的な結束」によって、物事を決めていたのである。

自由都市とギルド

自律的な取り決めが成り立ったのは、そこに自由な社会的空間があったからだ。この自由な空間が中世の市民社会である。市民社会では封建領主や国家が一元的に支配を貫くことができない。だから自分たちが決めた事柄を、支配者に指図されることなく実現することができた。今日の近代市民社会もこの自由な空間が存在し、そのなかで労働組合は自律的な結束で事を進めている。ここに中世市民社会のギルドと、近代市民社会の労働組合との類似性がある。今日の労働組合運動のあり方を考えるためにも、市民社会の源でもある中世市民社会をみていくことの意義は大きい。

中世の自由都市のなかに自治の空間があった。中世の都市はまわりを城壁で囲み、出入りするには、いくつかの門をくぐらなければならなかった。都市に入る門の前には絞首台があった。つるされた死体が放置され、風に揺れていた。旅人は驚かされたに違いない。だが都市に住む市民にとって、この絞首台は誇りだった。裁判権を含む自治を、都市の市民みずからが有していることの証《あかし》だったからだ。

このように中世ヨーロッパの多くの都市は、封建領主に対して自治権をもっていた。都市は外界とへだてる長い城壁で囲まれ、そのなかに商人や職人が住み、彼らが都市を治め、運営していた。

城壁は領主が築いたのではなく、市民が外敵や領主と対抗するためにつくったものだ。封建領主は都市ではなく、農村に城を築き、そこに住んでいた。支配者の支配は都市に対して一元的に貫徹することはなく、そこには独自な自治の空間があった。

その都市の自治は与えられたものではない。長い闘いの末に民衆が勝ちとったものだ。はじめは商人ギルドが住民の先頭に立ち、領主に抵抗し自治権を獲得した。それは「コミューン運動」と呼ばれる。その後、商人層や地主たちが市政を支配するようになると、クラフト・ギルドに結集した職人たちが「ギルド闘争」を展開し、市政を民主化し、その運営に参加していった。このような封建領主のいない都市は「自由都市」と呼ばれている。

この自由都市を構成する者たちこそがギルドだった。つまり中世の市民社会は、ギルドという団体の集合体として存在していたのである。マルクスは中世市民社会と「職業団体」についてこう述べている。「人民生活のこのような組織は、財産や労働を」「国家全体から完全に分離し、それらを社会のなかの特殊な諸社会につくりあげた」(マルクス、一八四四)。マルクスのこの指摘は直接には絶対主義の時代のものだが、後にみるように中世社会をとおしてあてはめることができる。

つまり、ギルドは「国家全体から完全に分離」され、「諸社会」として「社会」を構成していた。ギルド＝「諸社会」の集合体が中世の市民社会であり、それは国家とも分離されていたという意味だ。分離されていたからこそ、「諸社会」のことはみずから決定することができたことになる。

ここに、労働組合のあり方を中世の歴史の森に分け入ってまで探りだす意味があった。後にみる近代市民社会も国家から分離された領域であり、そこでの「諸社会」は労働組合や経営者団体である。この「国家全体から完全に分離」された労使自治の空間で約束事をとり交わす。ここが近代的な労働組合の主戦場となる。

ところで、自由都市の市民社会は国家から分離されていても、政治的な性格をもっていた。後述するように、これが近代の市民社会との大きな違いだ。都市の市民は自治的な政治の担い手でもあり、政治に責任を負っていた。それは都市が裁判権や徴税権を有し、市長と市参事会員を選ぶ選挙権をもっていたことによる。市民は城壁を築き、民兵組織を設け、民兵として都市防衛の義務を負った。外敵や領主に対して武装して立ち向かった。

このように中世市民社会では、ギルドの成員は都市の自治的な政治の担い手として政治に参加し、また自分たちのギルドでも社会的な事柄をみずから決定していた。自治を実現したからこそ、自律的な秩序を築き上げることができたのである。

その伝統は今日の市民社会の容貌をも形づくっているといえる。例えば歴史学者の阿部謹也は、「中世市民生活の究極的な単位が組合だった」から、その「職業倫理や対人関係の倫理が日常的生活規範として形成されていった」(阿部、一九八六b)と指摘する。つまりギルド＝「諸社会」の集合体が中世の市民社会であるから、その組合のもつ共同体規制や、相互扶助と親睦の「生活規範」が社会の全体におよぶのである。

その伝統が、今日の「ヨーロッパにおける市民生活と市民意識の形成に決定的な刻印を押さずにはおかなかった」とする(阿部、一九八六b)。それは市民の自治意識の高さや、社会的な連帯感の強さ、個人を抑圧しない集団主義などにみいだすことができる。

また、中世の自治的空間と社会集団には歴史学者の増田四郎も注目していた。ギルドや農村共同体の規制や慣習、制度は、「支配に対して団結の防波堤」となった。そして「そうした社会集団が」「時代の転換に即応して、つねに新しい共同体または団結の原理を見いだしていった点に、私たちはデモクラシーの定着する基盤を読みとらなければならない」とする(増田、一九七四)。民主主義はたんなる政治制度の問題ではなく、市民社会における「団結の原理」を有する社会集団が、民主主義の基盤になっている。それは近代にもあてはまることだ。

日本におけるギルドと市民社会の不在

自立なくして自律なし。中世日本では自治的な社会領域が存在せず、封建領主の支配が一元的に貫かれていた。国家から分離された中世市民社会は存在しなかったのである。だから日本では民衆が封建領主に対して自立し、自治によってみずからを律することができなかった。

自治の存在を象徴的に示しているのが中世の城だ。すでにみたように自由都市では、城壁は領主が築いたのではなく、市民が外敵や領主と対抗するためにつくったものだった。支配者の支配は一元的に貫徹することはなく、そこには自治の空間があった。

一方、日本の封建領主は、都市の城下町に住んでいた。都市はヨーロッパと違って、城壁の外に開け、農村と区別されることなく、混ざりあい、しだいに農地が広がっていく。領主は年貢を取り立てやすいように肥沃な農村地帯に城を築き、そこを城下町とした。城垣は領主と家臣団を守るためにこそあった。つまり日本ではそびえ立つ城は支配の象徴であり、都市も農村も支配が一元的におよぶ領域である。そこには自治の要素はみられない。

だから、日本には自由都市が存在することはなかった。ただ堺や博多に自治的な都市が一時期生まれたが、戦国時代をつうじて封建領主に圧殺された。よく知られているこれらの歴史は、日本の中世社会にヨーロッパのような自治を確立することができなかったことを示している。

だから民衆が、自治的空間のなかで自分たちで物事を決め、それを守るという「自律的結束」

の伝統も日本にはなかった。

　ギルドの不在という伝統は、日本で職業別労働組合を確立する上での困難な土壌となり、職業別組合の未確立は産業別組合を日本で創りだすマイナスの条件となった。今日、ユニオニズムを創造するために、自治と自律の伝統の欠如、すなわち自治意識なき民衆の連続性は意識しておかなければならない。日本の民衆史にきざまれた負の刻印を直視することが現実の運動にとって必要なことだろう。

　だが、市民社会やギルドの不在という起源が、その後の歴史をすべて規定したとは考えられない。日本の民衆は負の遺産をかかえながらも、つねにY字形の岐路に立たされてきた。幕末維新、自由民権運動、大正デモクラシー、敗戦と戦後の改革というように。しかしそのつど、競争規制の社会システムを構築することはできなかった。そして現在、日本型雇用システムが崩壊しつつあるなか、新しい岐路が目の前に現れてきている。そう考えるべきだろう。

3　職人組合から労働組合へ

ギルドの保守化と職人組合

　さてここから、話をギルドのその後に移そう。一四世紀に入り、中世後期になるとギルドの調和のとれた共同体は徐々に崩れ始めた。ギルドが営業の対象としている都市人口はそもそも多くはなく、購買力は限られていた。限られたなかで手工業者の数が増えてくると営業できる親方を制限する必要がでてきた。

そうなると徒弟から職人、親方へという縦に上昇する可能性が失われた。かつては、ゆくゆくは親方になれるという意味で同じ職業生涯を共有できた手工業層が、分断されることになった。ギルドは手工業者の数が増えてくると、世襲制などを取り入れて、親方の数を制限した。こうしてギルドは保守化し、排他的な組織になっていった。

親方になれない職人は、雇われて働く職人（雇職人）として地位が固定された。雇職人は、親方とのあいだに対立を深め、恒常的な職人の組織、職人組合をつくった。親方ギルドから雇職人たちが分離したのだ。職人組合は親方に対して不満を表面化させ、労働時間の短縮や賃上げを要求してストライキを起こした。

ドイツの鍛冶屋職人はストライキのことを、「親方からハンマーを取り上げる」と呼んでいた。当時そのストライキは、仕事を捨ててその都市から去る、というものだった。ドイツでは鞍工《あんこう》職人や仕立職人、錠前工職人のストライキ、織元職人の暴動などが起きている。フランスでも一三世紀に親方と職人との衝突が起こっており、一四世紀に一般化した。イギリスでも一四世紀になると、このような職人の運動が各地で広範に起こってくる。

このような職人の暴動やストライキは、職人組合がギルドから明確に分離してきたことの現れだった。だが、この職人組合から近代の労働組合が生まれたのではない。つぎの絶対主義の時代をへて労働組合の萌芽が現れることになる。

絶対王政のもとでの営業特権

中世の封建社会は、その後期に絶対主義の時代を迎える。

中世国家では、各地の封建領主や貴族、教会など権力が分散的だった。中世国家から絶対王政への移行によって国王の権限が強まり、国家は中央集権の性格をもつようになる。国王は、教会や領主のもっていた権力や共同体の自治的権限を奪い、都市法や村落共同体の自治権や、裁判権などを国家に組み入れた。こうして絶対王政は、官僚と常備軍を備えて国家統一をなしとげた。

だがそうではあっても、国家への権力の集中によって、身分的な中間団体の権限がなくなってしまったわけではない。ギルドや都市、村落の地域共同体などの中間団体が、かつてもっていた権限を、今度は国王が認可する「特権」として、各団体に付与した。このように特権を与えられて認可された団体を「社団」という。社団に特権として政治的な役割を与え、これらを通して国家を統治した。この時期の絶対王政は中間集団を再編成することによって統治をなしえたのである。ギルドもそのような役割をはたすことになった。

ところで、ギルドは親方になれない雇職人と親方とに分離し、対立を深めていたが、これがさらに、その両者それぞれのところで分解がなされた。親方層のところでは、上層が「商人親方」に転化し、またギルドの外部の商人も親方化し、ともに「問屋商人」の階層をつくった。一方、雇職人のところでは上昇する者が現れた。階層としてのし上がった者は「小親方」であり、自分の仕事場と生産手段をもち、職人や徒弟もかかえるようになった。小経営の生産者である。

この問屋商人と小親方が結合して新しい生産組織がつくられた。それが、ギルドが再編成されてできた問屋制ギルド＝「カムパニー」である。問屋制ギルドはその上層には生産にはたずさわらない問屋商人が、下層には小親方が位置し、生産は小親方が担っていた。

その内部でのギルド的な取り決めを、商人が中心となる理事会がおこなった。問屋商人は小親方に仕事を与え、その作られた商品を売りさばいた。販路をもたない生産だけの小親方は、問屋商人に従属させられていた。

国王はこの産業組織に特許状という特権を与え、利益を上げさせ、一定額を国王に納入させた。ギルドの「対外的独占」は国王から与えられた特権に変質し、国家の統制のもとで営業がなされた。ギルドは解体し、絶対王政を支える産業組織として再編されたことになる。

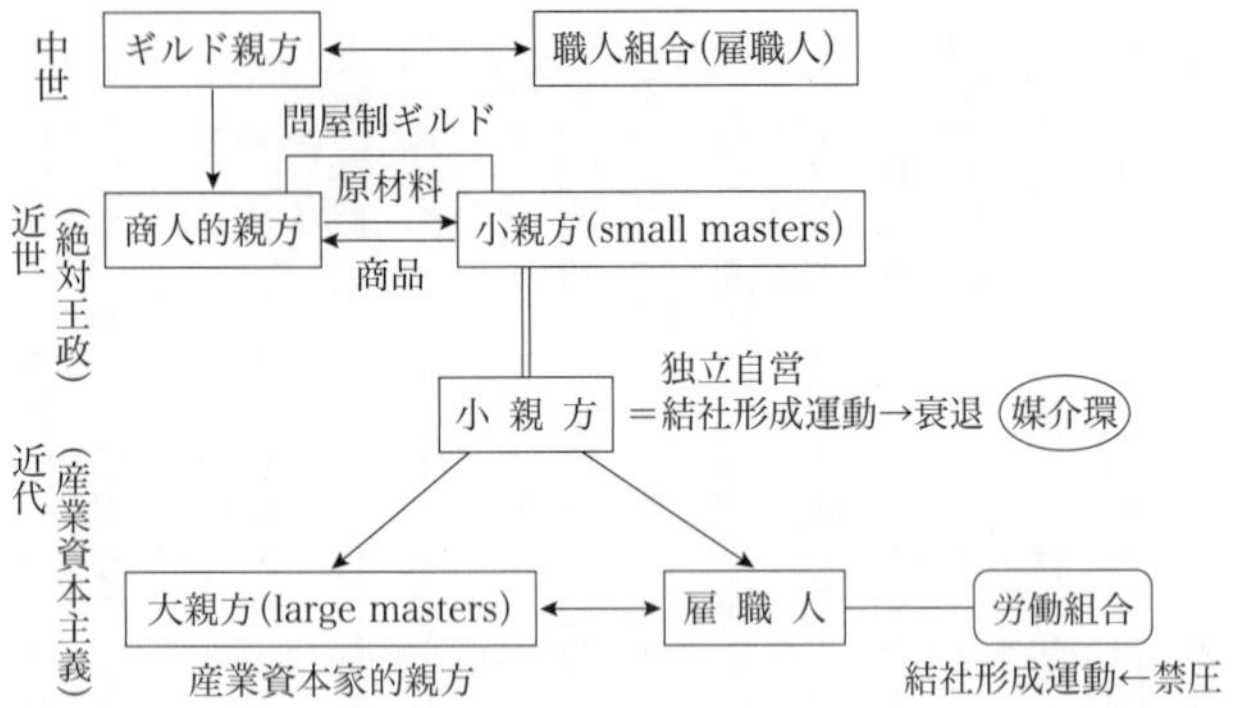

出所：アンウィン(1980)，ウェッブ(1927)，坂巻(1987)をもとに作成

図２　ギルドから労働組合への変遷のイメージ図

このギルドから労働組合への変遷をイメージしたのが図２である。

資本・賃労働関係の芽生えと労働組合の先行者

初期資本主義の発展とともに親方のところで分解が生じることになる。分解して上層にのし上がる者がでてきた。それは問屋商人の従属から逃れることができる者たちだ。彼らは商人に依存せず、対等な立場に立つだけの資本の蓄積ができた。原材料を自分で調達し、労働者を集め、大きな仕事場をもつだけの力を手に入れた。小親方から分化して生まれたこのような産業資本家的な親方が「大親方」である。

この大親方と小親方との利害が対立するようになる。産業資本家的な大親方にとっての関心事は、多数の職人を集めて、仕事場をもっと大規模にすることだった。大親方は特権として付与されたギルドの規制に従いたくなかった。規制を撤廃し、自由な営業を求めた。一方、小親方は労働時間や価格の設定、品質の確保などのギルド規制によって自分たちの営業条件や労働条件を維持しようとした。

この大親方と小親方との対立の焦点になったのが職人規制法だ。職人の労働条件はイギリスでは一五六三年の職人規制法によって決められていた。手工業の職業に就く者に七年の徒弟期間を義務づけるなど、国家によって職人の営業と労働は規制されていた。国家による統制によってギルド的な規制を守ろうとしたのである。

賃金の決定も職人規制法にもとづいて公的になされるものとされた。これが「賃金公定制」である。公定制の賃金は固定的なものではなく、賃金をいくらにするのかは市参事会と治安判事の会議で毎年、決定されていた。変動可能な「裁定賃金制」だ。この裁定は今日の最低賃金制ではなく、「最高賃金制」であり、賃金の上限を定めていた。しかしその額が引き上げられることは職人の賃金上昇につながった（中西、一九七九）。この裁定賃金制をよりどころに、職人たちは議会に賃金を上げる請願行動をおこなった。議会も一八世紀半ばまでは、雇職人の団結と運動に押されて請願を受け入れたりしていた。

この大親方と小親方との対立はやがて小親方の没落をもたらすことになった。大親方が資本の蓄積を進めるにつれて、これまでの独立自営の小親方はその下層が大親方である産業資本家のもとに従属させられようとした。小親方は独立性を失い、雇われ職人に転落する運命に直面した。

この危機にあたって小親方は新しい結社をつくろうとした。この一七世紀の小親方こそが、「近代の労働組合の直接の先行者」であり、ギルドと労働組合との「両者をつなぐ最初の環」なのである。

しかし小親方の運動は退潮した。それとは逆に「一七世紀末には、雇職人が、小親方の廃墟の中から新しい身分的地位を築き上げようと努力しているのを見ること」になる(アンウィン、一九八〇)。雇職人がふたたび運動の舞台に登場するになった。しかしそれは、ギルドでの親方になれないかつての職人ではなく、今度は資本・賃労働関係の芽生えのもとでの職人層だった。

この人々は職人規制法のもとで賃金裁定を要望して請願をおこなった。請願行動をする雇職人たちは新しい団結体をつくり、それを政府に認めさせる運動を展開した。一七世紀末には石工や煉瓦《れんが》積工、木挽《きび》き、大工、指物工、船大工などのところで、政府に自分たちの同職組合を認めさせる請願運動が広がった。

政府は結社を容認していたが、やがて姿勢を変え、禁圧の対象にした。労働組合はこの雇職人たちの結社が抑圧されたことによって誕生するのである。しかし、結社が禁止されたからといってすぐに労働組合ができたのではない。「賃金労働者階級は秘密の結社組織をつくらざるをえなくな」る。「この時点で、変容したギルドの最後の段階と、労働組合の最初期の段階とが、接し合い混じり合っている」のである。「一九世紀になるまで、その薄暗がりの中から姿を現すことはなかった」。この「薄暗がり」が中世からつづいた歴史の流れの終点となる（アンウィン、一九八〇）。ここから近代の労働組合運動の歴史は始まる。

第二章　歴史編2

「団結せよ，そして勤勉であれ」

──職業別労働組合の時代──

1 近代市民社会の形成と論理

資本主義社会は市民革命と産業革命という「二重の革命」(ホブズボーム、一九六八a)によって成立する。市民革命は政治的には絶対王政の権力的支配を打ち倒し、今日、享受している自由と民主主義の原理を確立した。一方、経済的には国家による保護と統制をなくし、経済的自由主義のもとで「自由放任」の政策をもたらした。

この絶対主義の時代から自由放任主義の時代への転換点で、「薄暗がり」のなかにいた労働組合は立ち現れる。時代をへて、労働組合は新しい社会環境のもとで姿を現すことになる。それが近代市民社会である。労働組合のあり方を規定する近代市民社会を理解するところから始めることにする。

近代市民社会の形成と労使自治

絶対王政の政治的権力が倒され、出現した社会が近代市民社会である。労働組合はこの市民社会という社会的空間のもとに存在している。労働組合はこの近代市民社会の舞台の上にあり、従ってそれに規定づけられている。この点を明らかにしていこう。

マルクスは近代以前の絶対主義時代の市民社会について二つの特徴を指摘している（マルクス、一八四四）。まず市民社会の国家との分離だ。「古い市民社会」の「職業団体」などの「組織」は「国家全体から完全に分離し、それらを社会のなかの特殊な諸社会につくりあげた」。つまり「職業団体」などは絶対王政の政治機構に組み込まれてはいなかったとのことだろう。その意味で「分離」していたのである。

あと一つは「古い市民社会は政治的性格を直接的なかたちでもっていた」ことだ。市民社会の国家からの分離と、なおかつ政治的性格の保有とはわかりづらい。こう述べている。「財産とか家族とか労働の様式とかのような市民生活の諸要素は、領主権、身分、職業団体といった形で」、「政治的関係」を「規定していた」。

これらの団体は絶対王政のもとにある中間団体である。この団体は、中世の自治的な政治機能が国家に一元的に吸収されたものの、国王は中間団体に特権を付与し、中間団体をつうじて国家を統治していた。中間団体に与えられた政治的な機能が網の目のように社会をおおっていたのである。例えば問屋制ギルドは絶対王政の官僚機構ではなく、国家と分離はしていたが、特権を付与されて営業や働き方を決定する権限をもっていた。国家から分離しつつも、政治的性格をもっていたとはこういうことだろう。

さて市民革命が打ち倒したのはこの絶対王政の権力機構だった。マルクスはこう述べている。近代の「政治的革命」は「いっさいの身分、職業団体、同職組合、特権を粉砕したのは必然的だった。政治的革命は、これによって、市民社会の政治的性格を揚棄した」。「市民社会をその単純な構成部分に」「粉砕した」。つまり市民革命は「特権を粉砕」することで「政治的性格を揚棄した」。だから市民社会は、政治的性格をもたない「単純な構成部分」に粉砕された。こう理解すべきだろう。

ここで重要なことは、「政治的革命」によって国王がもっていた権力は奪われたことは当然だとしても、国王からこれまで特権として中間団体に与えられていた政治的な機能をも廃棄してしまったことだ。そうすると、政治的な網の目のない社会が浮かび上がってきた。これが政治的性格をもたない近代の市民社会である。

先に労働組合は近代市民社会の舞台の上にあると述べたが、その舞台とは政治的性格をもたない社会的空間である。それは中世の市民社会でみた自治的な領域のようなものでもある。封建領主が介入できなかったように、近代でも国家がその領域に入り込んで干渉することはない。労働者の働き方は国家の権力が決めるものではない。

労働者の処遇は、政治的性格が揚棄された市民社会、すなわち「労使自治」と呼ばれる自治的な社会空間で決まる。そこで当事者である労働者と経営者は交渉し、約束事をかわす。約束事は「労」の実力いかんで決まる。その実力の持ち主こそが労働組合である。近代市民社会が労働組合を規定づけるのは、労働者みずからの働き方は労働組合がすべて決めるということだ。

アソシエーション（自発的結社）と民衆意識

これを労働組合の運動面に対する市民社会の規定とみるならば、組織のあり方についても市民社会は規定づけている。マルクスは「古い市民社会」では「職業団体」などを「社会のなかの特殊な諸社会」としてきたが、近代でも同じように「市民社会」の「単純な構成部分」と表現している。中世の「諸社会」は「職業組合」などであったが、それでは近代市民社会の「構成部分」は何なのだろうか。労働組合だけではない。これこそが近代の「自発的結社」（アソシエーション）とみるべきだろう。

自発的結社の一つが労働組合であり、このことが労働組合組織の性格を浮き彫りにしている。資本主義経済の発展は中世の共同体を解体した。共同体から解き放された近代的個人は社会に浮遊することになった。しかし個人はアトム化することなく、新たな紐帯《ちゅうたい》を求めて凝集し、社会的に結合していく。この結合の過程がヨーロッパにおける市民社会の形成でもある。だから市民社会は、個人のバラバラな空間でもなく、平板で単一的な社会でもない。自立した個人が結合して創られる「諸社会」の集合体として存在している。

当時、ヨーロッパではサロンやクラブ、サークルなどと呼ばれた集団がぞくぞくと生まれた。自発的結社はこれらの集団から芽生えた。クラブは政治クラブの性格をもつものが多かったが、その他にも文芸や芸術、ダンス、ギャンブルを目的とするものや、フットボールやクリケットなどのスポーツの団体もあった。パリでは、労働者詩人の詩をシャンソンにして、居酒屋に集まって歌う集団がたくさんあった。ゴゲットという労働者のこの「歌う会」は週に一度開かれていた。イギリスのパブリック・ハウス(パブ)も自発的結社の舞台だった。ダーツやトランプ、ダンスがあり、「パブリック・ルーム」が設けられ、いろいろな団体の会合がもたれた。一七世紀から一九世紀前半にかけて、イギリスやフランスでこのような結社が噴出した。

ところでこの自発的結社の編成原理こそが近代の市民社会の姿を形づくり、また労働組合のあり方にもかかわってくる。近代以前の共同体は家族や氏族のような血縁関係や、土地との結びつきに規定された地縁集団として成り立っていた。個人は血縁や地縁という編成原理のもとに埋没していた。自発的結社は集団に埋もれることのない個人と個人との自発的な「人的結合関係」としてつくられた。

喜安朗はこの「人的結合関係」は「多様な人的結合よりなる共同性によって支えられていた」と、共同性に注目する。一方、その「多様な人的結合を選択していく民衆」が「個別化を持続させる」と個別性をもみてとる。つまり多様な人的結合の選択をつうじて「志向性をもった個」が生まれるのである（喜安、一九八九）。

個人が、自己の意思にもとづいていろいろな組織を選び取る。結社は政治でも文芸でもスポーツでもいい。その選択にもとづいて加盟する。そして脱退もする。この選択と離脱を個人が決定するところに「個」が存在するのである。

そして結社の一員に「個」が組み込まれることで「共同性」が生まれる。「共同性」が「個」とともに自発的結社を支える原理となる。

その「共同性」を支える原理もまた古い共同体のものではなく、近代がもたらしたものだ。それは人々の約束である。国家による強制も、共同体による規制もない市民社会では、平等な個人同士の関係が生まれる。その両者の関係を取り結ぶのは約束だけである。

だから自発的結社は約縁団体でもある。自発的結社は、「なんらかの共通の目的・関心をみたすために、一定の約束のもとに」人々が結合した団体である。「約縁団体が血縁集団や地縁集団の担っていた機能を共同体の崩壊のプロセスの中で次々に代替」していった（綾部、一九八八）。その過程のなかで、組織の編成原理が血縁・地縁から約束へと転換されていったのである。

このように選択と離脱を決定する「個」と、約束に支えられた「共同性」、これが自発的結社の原理ということになる。自発的結社は「個と共同性」の編成原理にもとづいているのである。

そして自発的結社が濃密に詰まっている社会では、「個と共同性」は市民社会の編成原理にもなる。ヨーロッパの人々を個人主義とみなす見方があるが、それは正しくない。ヨーロッパは集団主義の濃厚なところだ。「個」と「集団」が結びついている。それは個人という言葉からも分かる。「個はより多くの共同体とともにある。他と共同することにおいて〝個〟は個でありうる」(伊東他、一九七八)。「個」は「individual」のことだが、それは分割する(divido)ことが、できない(in-)ことを意味している。つまり「個」は「共同性」を前提としている。それを分割しつづけてもうこれ以上分けることができなくなった。そこに「個」がある。

それとは別に「共同性」が切断されている存在は、私的な(private)という言葉で表される。アソシエイトしないバラバラな私人である。これが日本で普通にみられる人々のことだ。

「個と共同性」からなる自発的結社が濃密に存在し、社会を構成しているのがヨーロッパの市民社会である。一方、日本の市民社会は自発的結社が空疎で、その編成原理をもたない民間団体が社会を構成している。そこにあるのは、例えば企業共同体意識をもつ従業員でつくられている民間企業の企業別労働組合だ。また自治意識のうすい住民でつくられている町内会も商店街、農協なども、戦後の歴史のなかでは「個と共同性」とは縁遠いものだった。

自発的結社の水準が低いことは「個と共同性」の編成原理を市民社会にビルド・インすることが不十分だったことを意味する。つまり自発的結社が詰まっている市民社会と、すかすかの市民社会、この違いが社会の相貌をつくっているのである。

しかし一九九五年の阪神淡路大震災をきっかけにボランティアの活動もさかんになり、NPO（非営利組織）の組織も広がってきている。個人の自発的な意思で入る個人加盟ユニオンも増えている。「本当の労働組合」をつくり、広げることは民衆の意識や市民社会の形をも変えることになるだろう。社会は「社会」をつくることで変えられる。日本でこのもつ意味は大きい。

市民社会と経済的自由主義

さて市民社会の理論は終えて、まず市民革命以後の労働組合の歴史から始めよう。絶対王政末期の資本・賃労働関係の芽生えは、市民革命によって開花した。成立した資本主義国家は経済的自由主義を掲げた。経済的自由主義は、国家の規制を受けずに誰もが営業することができる「営業の自由」と、あらゆる価格は自由市場で決まるという「自由放任主義」を明確にした。

職人たちの営業はギルドの時代には自律的な規制によって、絶対王政のもとでは付与された営業独占によって規制されていた。しかし今や営業の自由のもと、誰もが職業に就くことができ、自由に人を雇って経営活動をすることができるようになった。価格が自由市場で決まる。

だから労働者の賃金を規制するものは何もなくなった。雇い主と労働者との自由な取引でのみ賃金は決まる。そこには議会や治安判事の関与はない。

時代を表すコピーは「自由放任」だった。一八世紀から始まっていた職人規制法を無視する資本家的親方たちの抵抗は、最終的には一八一四年の徒弟規制法の廃止によって勝利をおさめた。労働者は国家の統制と保護から解き放されたが、そこに出現したのは弱肉強食と万人の万人に対する闘争の場である自由な労働市場だ。労働者にとって市民社会とは、うるわしい自由な空間ではなく、労働者同士の競争の坩堝《るつぼ》のことだった。

労働者は規制なき労働市場に投げ込まれた。国家は労働者を保護しない。国家は手を引いたのだ。それならば労働者はみずからの手によって労働条件の規制をなす以外にない。天はみずから助くる者を助く。このことを労働者が思い知らされたとき、彼らは労働組合を創り出す方向に突き進んでいった。

しかし時代はまだ労働組合を禁じていた。労働者は禁圧のなかで密かに労働組合の誕生を準備した。それがギルドから延々と引き継がれていた相互扶助と親睦の組織だ。

2 初期労働組合の形成

労働組合が生まれ出るよりも前、それをはぐくむ確かな基盤があった。それは労働者の助け合いの組織であり、中世ギルドの相互扶助と親睦の機能を受け継ぎながら、友愛協会(フレンドリー・ソサエティ)という自発的結社に編成替えしたものだった。この友愛協会から同職クラブへ、そして初期労働組合へと労働組合は姿を現す。

労働者の相互扶助の組織「友愛協会」

労働組合は居酒屋から生まれたといわれるのは、この友愛協会がパブを拠点にしていたからだ。パブリック・ハウスは中世共同体が解体した後、個人が相互に集い、結合しあう社会的空間として存在していた。労働者は仕事が終わると、パブに集まり、夕食後のひとときを過ごす。労働や生活の苦しさが話題になる。酒に助けられて、仕事の不満や雇い主の仕打ちが声高に話される。パブの主人は労働者に同情的で、雇い主に密告することはない。

やがて、酒を飲んでうさを晴らすだけでなく、困っている仲間に手をさしのべるようになった。それまでも職人たちのあいだでは仲間が死んだ時、帽子を仲間にまわして寄付金を集め、その金を遺族に贈ることが習慣になっていた。その自然発生的な習慣が、規約をもつ組織に発展し、友愛協会になった。

労働者は賃金の一部をだしあって基金を創った。その貯金箱(金庫)は読み書き計算のできるパブの主人にあずけられた。みんなの基金から病気やけがをしたときはもとより、死亡の際の費用や、働き手を失った家族の生活費、老後の保障などが支給された。労働者同士の助け合いで生活の不安をすこしでも少なくしようとしたのだ。

労働者の相互扶助の機能はたんなる助け合いにとどまらない。仕事や生活で不安をかかえていると、賃金が安くても働こうとする者がでてくる。競争が生まれる。それはいま働いている者たちの足を引っ張ることになる。だから基金からの費用で生活をいくらか安定させようとしたのだ。

労働組合はこの友愛協会を基盤にして誕生する。友愛協会は一七九三年の友愛協会法で保護されている合法的な組織だった。友愛協会は大別して職種を問わない「多数職種の協会」と、会員が同じ職業に従事している「一職種の協会」とに分けられる。

このうちの職種ごとの友愛協会が同職クラブだった。同職クラブは相互扶助組織ではあるが、その機能にとどまらない職業上の目的を強くもっていた。相互扶助のための共済基金と、ストライキのための基金とを合併し、熟練の雇職人同士の強い結束のもとで活動していた。同職クラブは友愛協会と職業団体とをあわせもつ組織だったのである。

一九世紀の初期には同職クラブは「覆面労働組合」といわれ、労働組合の「偽装形態」とみられるようになった。この同職クラブがその相互扶助と職業上の二つの目的のうち職業上の目的の方が主になった時、労働組合が誕生したとみることができる。それが初期労働組合である。

初期労働組合の約束事

労働組合について考える場合、注目したいのは労働組合の出現を目撃した者たちの主張だ。オタマジャクシからカエルが、タマゴからヒヨコが現れるような、労働組合が生まれ出るその瞬間、それは、これまで見たことがない異物の発見でもある。その瞬間こそが、他の労働団体との差異が、したがって労働組合の本質が、もっとも良く見える時だといえるだろう。それを目撃した者たちがいる。カール・マルクスは一八一八年に、彼の盟友・フリードリヒ・エンゲルスは一八二〇年に生まれている。初期労働組合とその後の労働組合の成長の同時代人だ。二人は社会主義の思想家で革命家でもあったが、ここでは、労働組合の本質をつかんだユニオニストとしての言葉を聞くことにしよう。

エンゲルスは団結禁止法の撤廃(一八二四年)の後、「組合はたちまちのうちに全イギリスにひろがり、強力となった」としている。嵐のような勢いで発展した労働組合をエンゲルスは目撃した。エンゲルスは「イギリスにおける労働者階級の状態」(一八四五年)で労働組合の新しさについて的確に叙述している。それは発見だった。つぎの三つにまとめることができる。

第一の発見は労働組合が雇い主と交渉していることだ。「親方が、組合によって確立された賃金を支払うのを拒否すれば、親方のところへ代表団を派遣するか、または請願書を提出する」と述べている。今日での団体交渉のことだが、これは経営者を交渉の相手として認めていることを意味している。エンゲルスもこのことに注目して、「これを見ても労働者が、絶対的な工場主のその小国家内における権力を認めるすべを、ちゃんと心得ていることがわかる」との一文を括弧書きでつけ加えている。

相手の権力を認めなければ交渉することはできない。エンゲルスは労働組合が雇い主を交渉相手として認めて交渉し、約束させるやり方をとっていることに新しさを感じたのだ。

今では当たり前のようだが、当時では新鮮なことだった。なぜなら、それまでは労働者は治安判事や地方議会に向けて賃金要求の陳情活動をしたり、機械を打ち壊すとの脅迫で雇い主に要求を実現させようとした。または相互扶助の団体である友愛協会での助け合いで生活を支えていた。しかし陳情でも脅迫でも助け合いでもない。交渉で物事を決めるというやり方だ。

エンゲルスが発見した第二は、労働組合が「職業」を基準にした「同一賃金」の要求をしていることだ。つぎのように表現している。「一つの職業における賃金は、すべてどこでも同じ高さにたもつこと」をはかった。

これは労働組合理解の核心部分にあたる。それは、「一つの職業」つまりジョブ、今日では職種や職務など労働者が就いている仕事のことだが、これを賃金要求の基準にしているからだ。

日本の企業別組合のように、労働者の個人の属性、つまり年齢や勤続、性差、能力などを基準にしていない。これが企業別組合と「本当の労働組合」との違い、分かれ目である。なお、「一つの職業」＝「同じ高さ」なのだから、これが同一労働同一賃金の源流とみることができる。

発見の第三は、労働組合がストライキという方法を使っていることだ。雇い主が約束事を守らない場合にはどうするのか。ストライキで守らせるようにするのだが、当時のストライキは仕事の現場から引きあげるという方法をとった。「これが役にたたないと、組合はストライキを命令し、すべての労働者が家に帰る」と述べている。ストライキは「家に帰る」という労働組合の約束事を守らせることで成り立つ。

みてきたように労働組合は個人の意思にもとづいて加盟する自発的な結社である。自発的結社とはある目的のもとで、決められた約束事を守ることで成り立っている「約縁団体」だった。ストライキも組合員に強制力や暴力で従わせておこなうものではない。組合員が約束を守ることだけで雇い主に打撃を与えることができる。約束が破られればストライキは崩壊する。エンゲルスはストライキについて「暴動の場合よりももっと大きな、それどころか、しばしばはるかに崇高な勇気」が必要だと驚嘆している。それはストライキになれば「数ヵ月も」「妻子とともに貧困に」立ち向かわなければならないからだ。

このように雇い主との話し合いでの「交渉」と、仲間との約束による「ストライキ」、これが労働者の悲惨な状態を改善する労働組合の方法だ。後に詳しく検討するように、その闘い方は資本主義にのっとっている。なぜならば資本主義のもとで労働者は労働力商品の保有者として存在する。その売り買いを交渉で決めることで労働条件を向上させる。それが労働組合だからだ。

職業紹介制度と遍歴制度

エンゲルスが示したのは雇い主と労働者との交渉事だが、その他にも初期労働組合は独自の労働市場政策をもっていた。ここでは職業紹介制度と遍歴制度をみていこう。

職業紹介制度は初期労働組合のきわめて大切な機能だった。労働組合はパブに本部を置き、その二階にあるパブリック・ルームで会議を開いていた。そこを拠点にした職業紹介制度が労働市場をコントロールする組合機能だった。熟練職人たちは、以前から仕事が終わってパブに立ち寄り、ビールを飲みながら職業情報の交換をしていた。労働組合が確立することによって、それが制度化された。労働組合は、パブを「集会所」(a house of call)とし、職人たちはそこで毎週開かれる会議に集まって職業情報を集中した。

失業した労働者は登録しておいて、登録順にパブの経営者から仕事先が斡旋《あっせん》される。組合の要求する労働条件以下のところには斡旋しない。年取った労働者は、年輩者に見苦しい生活を送らせるのはその職業の名折れと、優先して斡旋された。

また組合は、紹介する労働者の熟練を保証するために「熟練証明書」を発行したり、組合加入に実技試験を課したり、また組合で再訓練をほどこしたりした。このようにして、労働組合は労働者の熟練の水準を保証し、その熟練にもとづいて賃金を設定し、それを基準にして職業紹介をする。このようにして労働市場を労働組合の手で規制したのである。

さらに、職業紹介制度を土台にして遍歴制度がつくられた。遍歴の習慣はイギリスでは一九世紀なかばまで、労働組合のあいだに広く普及していた。このように遍歴する労働者を渡り職人と呼んでいた。

労働組合は遍歴する労働者に「遍歴カード」を発行した。遍歴職人はカードをもって遍歴の旅に出る。その職業の象徴である紋章のついたパブの看板をたよりに、町から町へと旅をする。次頁の図3は、ちょうど組合本部にたどり着いた場面を描いている。組合本部であり、また職業紹介所でもあるそのパブに着くと、身元を確認されたうえで、ビールつきの夕食と、つぎの朝食、そしてベッドが支給される。翌朝、紹介された仕事先で働く。

このような遍歴制度を実施していた職種は広範囲におよび、熟練職人のところではほとんどすべての労働組合でおこなわれていた。石工、大工、煉瓦積工、船大工、指物工、木挽き、梳《そ》毛《もう》工、羊毛選別工、毛織物工、製帽工、仕立工、皮革工、馬車製造工、水車大工、鍛冶工、機械工、蒸気機関製造工、ボイラー製造工、ブリキ製造工、鉛管工、鋳物工、製靴工、植字工、製本工などだ。

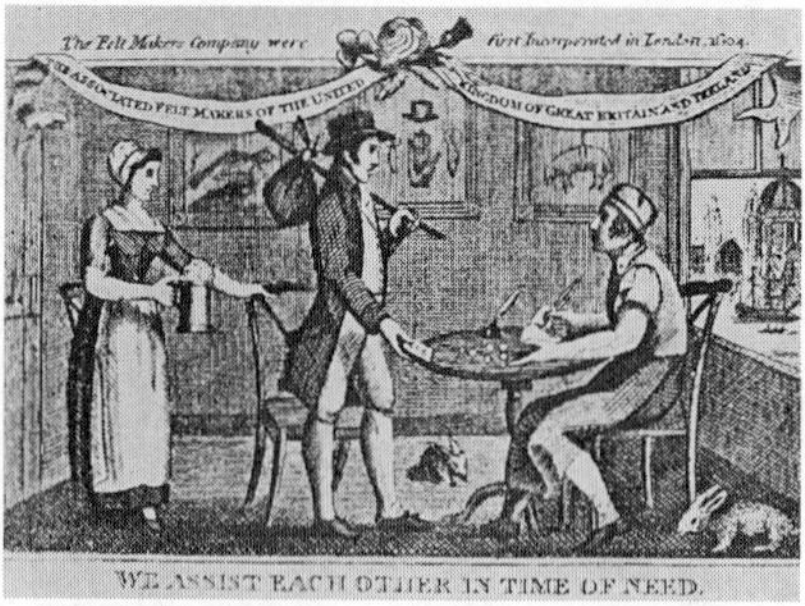

出所：Pelling (1992)

図3　フェルト製造職人の遍歴(1820年)

それではなぜ労働組合が遍歴制度を組合活動の柱にすえたのだろうか。イギリスの労働組合の遍歴制度は技能習得のためというよりも、労働力の需要と供給のバランスを組合側に有利にする目的でおこなわれた。つまり労働市場での供給を制限することで、労働条件の改善をはかることが狙いだった。労働力を過剰な地域では労働者同士の競争が激化してしまうので、他の地域に分散させたのだ。

さらに、遍歴はストライキ対策でもあった。ストライキ基金に負担をかけないために、労働組合は労働争議が起きると労働者を遍歴の旅に出した。また遍歴はストライキそのものでもあった。組合の労働条件を認めない雇い主に対して、熟練職人の供給を停止するために遍歴に出す。雇い主に打撃を与えるためにも遍歴は有効だった。石工の組合では普通の白色の遍歴カードと区別し、ストライキ遍歴職人には緑色のカードをもたせて優遇した（ホブズボーム、一九六八b)。

ところで組合組織が全国的に確立する過程からすると、遍歴がはたした役割は非常に大きかった。イギリス各地を旅してまわった遍歴職人は、「団結の原則を伝えた最初の組織者」だった。また遍歴制度は地方の組合を結ぶ全国的なネットワークでもあり、「多数の地方組合を職種ごとに連結して地域ないし全国組合を設立する環であった」(田辺、一九八五)。地域で職業ごとにつくられていた組合が遍歴制度を利用しながら、たがいに連絡をとるようになり、一九世紀の前半、職業別の全国組合ができあがったのである。

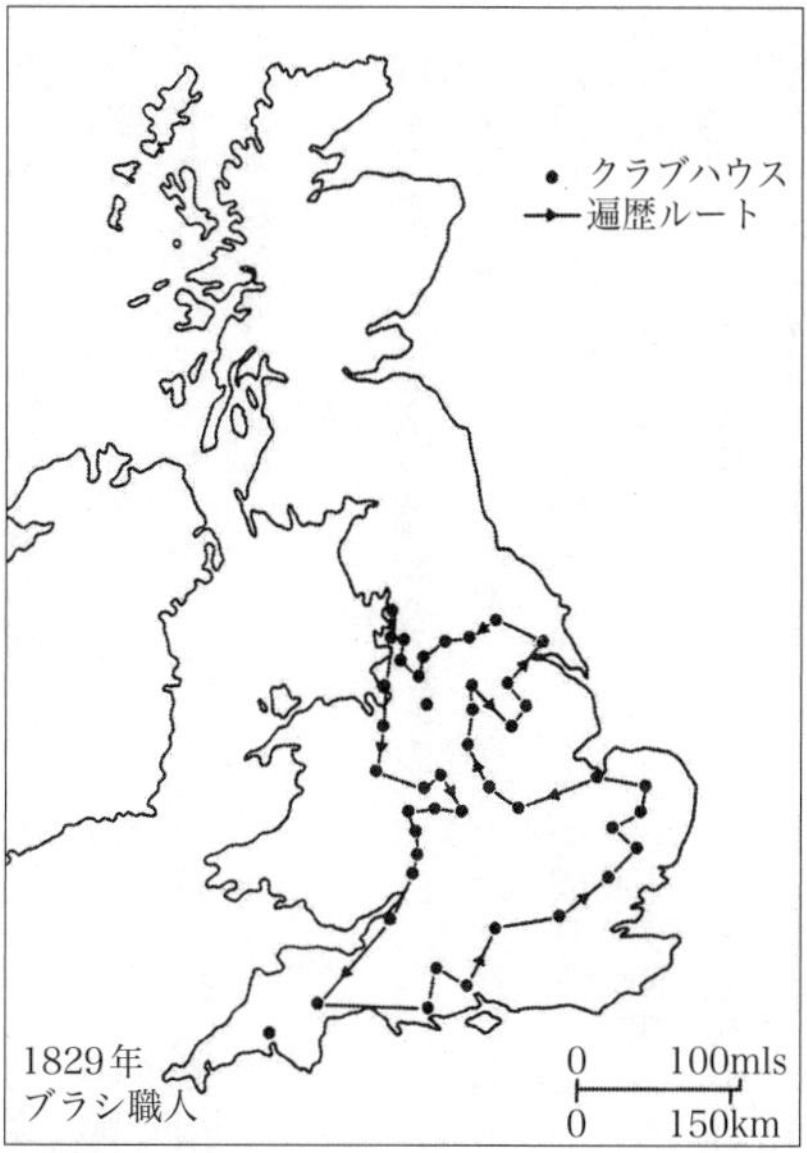

出所：ラングトン&モリス(1989)

図4　ブラシ職人の遍歴ルートとクラブハウス(1829年)

図4は一八二九年のブラシ職人の遍歴ルートである。イギリス全土ではないにしても、クラブハウスのある箇所を転々と遍歴の旅をしていたことがわかる。クラブハウスは宿泊できる労働

組合の施設だ。この職人の遍歴が一つの足がかりになり、全国組合が形成され、そのことによって職業ごとの全国的な労働市場が形成された。労働市場は経済的に規定されてできるものでも、自然にできるものでもない。労働市場をつくる主体は労働組合に他ならない。労働組合の営為の所産なのである。

自発的結社としての労働組合の実力

労働組合ができてすぐの頃、その実力はまだ貧弱だった。労働組合は自発的結社であり、それは目的にもとづいて約束を守ることで成り立っている。だから労働組合の実力とは、仲間たちが互いに約束を守る力のことだ。しかし労働組合の約束を守ることが、組合員や労働者のなかで倫理になるまでには時間がかかり、その前には強制力をともなうこともあった。生活を守るために致し方のない面でもある。

エンゲルスは、ストライキは「まだ組合に加入していない労働者がいたり」、「組合から脱退する労働者がいたりすると、たちまち非常に無力なものとなる」とストの不安定さを指摘している。それは「ストライキやぶりとよばれる」者の「なかから容易に新兵を補充」ができるからだ。

だから組合員の怒りは大きい。「ストライキやぶりは、組合員によって脅迫されたり、ののしられたり、なぐられたり、またはそのほかいろんなかたちでいじめられる。要するに、あらゆる方法でおどしつけられるのである」。このようなことが初期労働組合にはあった。さらに凄惨なことも起きた。エンゲルスは、ストライキに加わらなかった者の顔に硫酸をあびせかけた例や、スト破りをした労働者の母親が撃ち殺された例、スト破りを射殺するために労働組合が賞金をかけていた例などを紹介している（エンゲルス、一八四五）。

仲間の約束事は守らなければならない。守らせなければならない。足を引っ張る者、抜け駆けする者、仲間を裏切る者、掟を破る者、これらを許さない。それは自発的結社として労働組合のもつ力は、約束を守る結束だけだからだ。労働者はそれを分かっていたからこそ、怒りが向かったのだろう。

ホブズボームは、「労働組合運動の基礎である団結の習慣は、まなぶのに時間がかかる」、しかも「それが、労働者階級のうたがう余地のない倫理綱領の一部になるには、さらにそれ以上の時間がかかる」と述べた（ホブズボーム、一九六八b）。その間には、強制力をともなうこともあったのだろう。やがて、労働者のなかに仲間との約束事は絶対に守る、この「倫理綱領」が自覚的に築き上げられた時、労働組合は労働社会に深く根を下ろすことができたのである。

「自由放任主義」は事の始まりを告げる標語にすぎなかった。その言葉の意味を徹底的に労働者に知らせたのが産業革命だった。産業革命はイギリスでは一八世紀後半から始まり一八四〇年代に終了する。この産業革命は、労働運動の担い手に大きなインパクトを与えた。

3　産業革命と労働者の階級形成

産業革命と伝統的職人の没落

産業革命のありがちな理解は、機械制大工場の出現によって工場労働者が生まれ、その大量の工場労働者によって労働運動が発展した。このようなものだろう。だが、機械制大工場が本格化するのは一九世紀の後半のことだ。産業革命期は工場といってもいまの町工場ぐらいでしかなかった。労働者の多数は大きな機械に従属する工場労働者ではなく、伝統的な技術にもとづく熟練職人だった。

この熟練職人が一九世紀前半、産業革命によって没落に追いこまれ、それに反逆する彼らが労働運動の担い手となった。産業革命とともに広がった新しい技術や機械は、産業における生産性を飛躍的に高め、伝統的な技術で仕事をしていた熟練職人の生産性を完全に上回った。

この熟練職人を基盤とする労働運動は二つの形態をとって発展した。一つの流れはすでにみたように友愛協会から初期労働組合をつくる運動だ。一七九九年と一八〇〇年制定の団結禁止法のもとで密かに進められ、一八二四年のその撤廃ののち激しい勢いで組合がつくられた。あと一つの流れは職人労働者のラディカルな形態をとった暴動などの運動である。その運動は、一九世紀前半、階級と階級との激しい闘いに発展し、内乱の状況を生みだした。

暴動と機械打ち壊し運動

労働者が労働組合という闘い方をつかむには、多くの経験を必要とした。その前には、雇い主に犯罪などの形で個人的な反抗を試みた。これまで農業や自営業において、みずからの労働の成果はみずからのものだった。しかし今では汗水たらして生産した品物を雇い主が自分のものにしてしまう。これをむしろ逆に「盗み」と思うのも自然でもあった。労働者は自分がつくったものを「盗み」、働きもせずいい暮らしをしている雇い主からその財産を奪ったりした。泥棒として警察に突きだされると、うらみに思って雇い主を傷つけることもあった。だがこの個人による盗みという方法は社会的に処罰されるだけで役に立たないことを知るようになる。バラバラではなく、結束して反抗することの大切さがわかる。

結束した反抗が暴動となり、機械や工場を打ち壊した。その破壊の頂点としてラダイト運動が展開された。一八一一年から一二年にかけて、イングランド中部、北部の紡績業や織布業のさかんな地帯で機械や工場を破壊する運動が吹き荒れた。

ネッド・ラッドという名前の人物が指導しているという噂が広がったのでラダイト運動（Luddite movement）と呼ばれた。靴下編工から始まったラダイト運動は、翌一八一二年には北部の手織工や剪毛工《せんもう》のあいだに波及していった。労働者は新しい機械を使ったり、契約どおりの賃金を支払わなかったら、機械を壊すという脅迫状を送りつけ、それでも聞き入れない工場主を攻撃した。夜になると覆面をした数人あるいは数十人がその日の攻撃目標になる工場主の作業場に集まり、棍棒《こんぼう》やハンマー、斧《おの》で機械を打ち壊していった。しかしラダイト運動はさしむけられた一万二〇〇〇人の軍隊によって鎮圧され、裁判で三〇人が処刑された。やがて、暴動も下火になっていった。

一八一九年には世にいう「ピータールーの虐殺」が起こった。一八年、マンチェスターの織維工業地帯で大きなストライキが発生した。ストに参加した織物工や紡績工は、議会を改革しなければならないとして、当時広がっていた議会改革運動に合流した。一八一九年八月一六日、マンチェスターの聖ピーター広場に五万人が集まって議会改革の大集会が開かれた。突然、騎兵隊がサーベルを抜いて群衆のなかに進入し、広場は流血の修羅場となった。一一名が死亡し、約四〇〇名が負傷した。

このピーター広場の大弾圧事件は、一八一五年にナポレオンを破ったウォタールー（ワーテルロー）の会戦にちなんでピータールーの「勝利」と皮肉られた。国外の敵とたたかうだけでなく、労働運動をも弾圧する軍隊の役割を浮き彫りにした事件だった。

このような初期の暴力的な労働争議や集団的暴動、機械破壊といったラディカルな運動は、多くは弾圧された。しかし暴動は労働者の連帯をもたらした。暴動を起こすには、「ある工場ないし地方からでて全地域をまわり、アピールと強制の混合物をもって村や職場や工場を」訪れなければならなかった（ホブズボーム、一九六八b）。この「同一の目的」の実現のために労働者は団結を学んだ。労働者が団結を学ぶ過程が一九世紀前半だったのである。

労働組合大連合

労働者は暴動ではなく、結社をつくる方向に向かった。労働者の激しい抵抗は、支配者に団結を取り締まる方法が効果的ではないことをさとらせた。また結社の禁止は、団結に暴力的な性格を与え、それが社会の安定を危うくするとの世論も生まれた。こうして一八二四年に団結禁止法は撤廃されることになった。団結禁止法の撤廃によって労働者の結社が犯罪の対象とされることがなくなったことで、労働組合運動を促進させるきっかけになった。

労働者は全国的な結合体をつくりあげた。それが一八三四年に結成された全国労働組合大連合だった。大連合は「職業」の枠ごとに熟練・不熟練を問わず労働者は結集した。だから、すべての職業の「一般組合」(General Union of All Trades)という性格をもっていた(ウェッブ、一九七三)。「大連合」は、わずか半年のうちに五〇万人の組合員をかかえる組織になった。

だが雇い主は、労働者が熱狂的に「大連合」に結集していくのを手をこまねいてはいなかった。労働者に労働組合に加入しないという「宣誓書」への署名を求めた。署名を拒否すれば雇い主は解雇した。法律によって団結を禁止することはできないので、雇い主は、組合員を雇用しないという方法をとった。

さらに抑圧はつづいた。一八三四年、南部にあるドーチェスターのトルパドル村で、農業労働者を組織していた組合員六人が逮捕された。当時、禁止されていた秘密結社における入会式の宣誓をおこなったという廉《かど》だった。大陪審は七年間の流刑を宣告し、彼らはオーストラリアに送られた。六人はメソジスト派の教徒であったこともあり、イギリス労働運動史のなかで「トルパドルの殉教者たち」と呼ばれている。

これが「大連合」崩壊の引き金になった。「大連合」は攻撃や弾圧に対して十分な支援態勢をとれないまま困難に陥り解散した。こうして「大連合」の運動はわずか一年たらずのあいだに瓦解してしまった。

労働者の階級形成と労働組合

「大連合」は崩壊したが、これを頂点とする熱狂的な嵐は労働者の階級形成を生みだした。ホブズボームはこの時期を、「労働階級の団結をうみだす試みが」「熱病的はげしさで追求された」として注目した。一八一〇年代から使われ始めた労働者階級という言葉は、労働者「諸階級」と複数形で用いられていたが、それが一八三〇年代になって単数の労働者階級が使われるようになった。ホブズボームはこのことに注目して、労働者の階級意識が「一八三〇年ごろに、存在するようになった」としている（ホブズボーム、一九六八ａ）。

トムスンも一八三〇年代初期までに労働者階級が形成されたとする（トムスン、二〇〇三）。トムスンは階級は「モノではなく関係である」とする。それでは「関係」とはなにか。「関係」は「生産関係によって決定される」。ちょうど「恋人なしには愛はありえない」のと同じように生産関係のなかから階級意識が形成される。

しかし意識は自動的に芽生えるものではない。「経験を同じくする結果、自分たちのアイデンティティを」、自分たち同士や敵対する者たちとの関係で、「感じとってはっきりと表明するときに、階級は生じる」と述べている。

労働者が「共通の経験」をかさね、「利害の同一性」を感じ、それを「表明」する。この過程で労働者の階級意識が生まれ、階級形成もなされる。「経験を同じくする」その時期が、イギリスでは一七九〇年から一八三〇年までのあいだだったとする。階級形成は特定な時期に生じる「歴史的な現象」なのである。

このようにみてくると、労働者の階級形成と労働組合とは切り離せない関係にあることがわかる。バラバラな労働者が相互の競争を規制するために労働組合のもとに結合する。労働者は生産関係のなかで、労働組合のもとでの結束をつうじて「利害の同一性」と資本家との敵対性を自覚し、「共通の経験」をかさねる。そのなかで、同じ階級意識をもつ労働者の結合体として階級が形成される。このような関係だろう。イギリスでは一八三〇年代にそのことがなされたのだった。

4　職業別労働組合の確立

一九世紀後半、労働組合はこの時期に資本主義社会のなかで不動のものとして確立する。それは産業革命のもとでの労働者の絶望的な反逆、暴動、打ち壊し、この荒々しい運動ののちだった。その担い手は最も貧しい虐げられた労働者ではなかった。高い熟練をもち比較的に恵まれた熟練労働者だった。それはその労働者が、労働組合の根源的な機能を確立するにふさわしい労働者だったからだ。

ニューモデル・ユニオンの合同機械工組合

工業化は、一九世紀の中葉から後半にかけて鉄工業や石炭業、機械工業、造船業、鉄道業など多くの産業を発展させた。「石炭と鉄の躍進の時代」を迎えた。産業革命につづく、一九世紀後半こそが産業の革命的発展の時期だった。この工業化の波は労働組合運動に大きな影響を与えた。

新しい工業化は一方では、激動の労働運動を担った伝統的な熟練職人を転落させ、一九世紀前半の労働運動を切り崩した。しかし他方、それに交差するように没落することのない堅実な担い手を、労働運動の舞台に登場させた。

この新しい担い手によって、「新しい型」の労働組合、ニューモデル・ユニオンと呼ばれる労働組合が登場した。この労働組合は、初期の職業別組合の形態を引き継ぎながら、担い手の交替によって安定した恒常的な全国組合に成長したものだった。一八五〇年代から八〇年代にかけての三〇年間強、労働組合の代表的な組織形態として職業別労働組合が発展した。

職業別組合のなかで、「新しい型」の典型として、この時期の組合運動の頂点の位置を占めたのが、合同機械工組合（ＡＳＥ）だ。合同機械工組合は、これまでの水車大工などの古い機械工に代わって登場した新しい機械工たちによって支えられた。溶かした金属で型をつくる鋳型《いがた》工・鋳鉄工、金属を打って形をつくる鍛造工・鍛冶工、工作機械を操作する旋盤工・削盤工、製品を完成させる組立工・仕上工などが労働組合を構成した。

「合同」との名が付いているように合同機械工組合は「合同主義」にもとづいてつくられた。それまで個々の機械工がつくっていた狭い職業別組合や地域に分散した組合を合同した。組織人員は一八五一年末までに、全国に一二の支部をもち、約一万二〇〇〇人を擁する最大規模の労働組合に成長した。

組織の内部構造は「中央集権主義」をとった。ストライキ手当の支給について中央執行委員会が絶対的権限をもった。中央への集権化だけでなく、支部執行部を確立し、その会議の居酒屋での開催を廃止するなど組織の合理化をはかり、さらに月報や四季報、年報など組合員への情報提供にもつとめた。この「新しい型」の労働組合の登場によって労働組合は崩壊することなく、安定した発展をとげていくことができたのである。

クラフト生産と間接的労務管理

この新型の職業別労働組合によって、資本主義のなかで労働組合が初めて揺るぎない地位を確立した。それは自由放任の労働市場に投げ込まれた労働者たちが、この労働市場を規制する方法をみずから獲得したことによる。労働組合の歴史のなかで画期的な意義をもっていた。

合同機械工組合が不動の地位を占めることができたのは、この熟練労働者の技術的基礎があったからだ。この時代は、まだ今日のような大量生産方式は登場していない。この時期の生産方式はクラフト生産という。それは見込み生産ではなく、注文生産である。顧客から注文を受けてから経営者は生産にとりかかった。

ところが実は、生産は経営者ではなく、一切が親方的な熟練労働者にゆだねられていた。熟練労働者は生産工程のなかで、材料の選択から製作、製品の検査にいたるまで責任をもって遂行した。材料を選び、仕事の段取りをおこない、加工に必要な線を材料に引く罫書《けがき》の仕事をし、工具をつくり、最後の検査もやっていた。機械の修理と研磨や工具の管理もおこなった。

しかも徒弟期間中の労働者を訓練し、補助労働者を自分の配下において指揮・監督していた。経営者ではなく、熟練労働者が他の労働者を管理していたので、これを間接的労務管理という。

このクラフト生産で注目すべきは、労働者が労働過程における意思決定権をもっていたことだ。どのようなものをつくるか自分の頭で「構想」し、実際の労働として「実行」する。この「構想と実行」がこの時代には一致していた。この「構想と実行の一致」というテーマは労働過程をめぐる大きな問題として人類の歴史のなかに存在している。今日のように「いらっしゃいませ」から始めるマニュアル労働、すなわち「現代の労働」とは異質な労働のあり方が「クラフト生産」の労働だった。

この「クラフト生産」を差配する熟練労働者によって職業別組合は構成されていた。ここに労働市場を統制する強い力と、そこからくる労働組合の実力の根源があった。

徒弟制とクラフト・スキル

熟練労働者がクラフト生産を担うことができたのは当然、労働過程を取り仕切る高い熟練をもっていたからだ。その熟練は、この時期に固有の技術と、それを保証する徒弟制によって支えられていた。クラフト生産における熟練は、たんに技能の高低ではなく、「クラフト・スキル」という特殊な意味をもっていた。三つの特徴がある。

第一に「手工的熟練」の性格をもっていたことだ。熟練労働者の技術は手に依存していた。例えば機械製作の作業は、初めは木製の旋盤や平削盤を人の力で動かし、ハンマーや鏨《たがね》(金属を加工するノミ)や、やすりなど手の道具を使って仕事を進めていた。このように手に依存する熟練が手工的熟練である。動力が用いられるようになっても経験や勘をともなう手工的熟練の範囲はまだ広かった。

第二にクラフト・スキルは「多能的熟練」の性格をもっていたことだ。それはクラフト生産の全過程を見通し、各場面の知識と技能に習熟していなければならないところからきていた。手先の巧妙さだけでなく、多面的な判断力が求められていた(小川、一九七三)。

第三にこのクラフト的な熟練は徒弟制度によって養成されていたことだ。労働者は若いうちに熟練労働者に徒弟として弟子入りし、普通、五年から七年の徒弟期間のあいだに修業をつみ、やがて一人前の熟練労働者に成長する。クラフト・スキルはこのような徒弟制度によって身につけられる熟練だった。

この徒弟制度の頂点にいる親方的な熟練労働者は「クラフツ・マン」と呼ばれた。職業別組合の組合員の資格は、一般的な熟練労働者ではなく、徒弟制をへて「クラフト・スキル」を獲得した「クラフツ・マン」だけに与えられていた。

出所：ホブズボーム(1984)

図5　万国博覧会のクラフツ・マン(1862年)

だから職業別組合は、同じ職業で働く者であれば誰でも入れるという組織ではなく、排他的な労働組合だった。しかしこの「排他性」にこそクラフト・ユニオンの強さがあった。図5はクラフツ・マンの姿を現している。一八六二年のロンドン万国博覧会に行った合同機械工組合の組合員の集合写真だ。フロックコートを着て、胸に大きな鎖時計をつけ、山高帽をかぶっていた。立派な身なりからわかるようにクラフツ・マンは労働者階級の上層だった。

職業別組合の労働市場政策

職業別組合は高い熟練を基盤にして組合機能を展開させた。この組合機能は「本当の労働組合」がもつ普遍的な機能と根本では共通している。職業別組合の組合機能を労働市場政策、賃金政策、相互扶助政策、この三点に整理して説明しよう。

第一は労働市場政策である。クラフト・ユニオンの労働市場政策は、まず、職業の「縄張り」(職域)を設定することから始まる。この「縄張り」はギルドの「対外的独占」と同じ精神からつくられているのがわかる。ギルドのようにその職業の仕事の範囲、つまり職域を組合員で独占することである。

煉瓦積工の仕事を例にとると、煉瓦積の仕事はすべて自分たちユニオンの組合員でなければならないとし、非組合員と一緒に仕事をすることを拒否する。例えば、同じ現場で組合員でないものが、煉瓦積の仕事をしていたら、彼らはその現場から仕事を拒否して帰ってしまう。雇い主は困ってしまい、だんだんとその職域を尊重するようになる。

このようにして不熟練労働者はもとより、熟練労働者であっても徒弟制度をへない労働者は「不法労働者」として「縄張り」から排除してしまう。そうなると、煉瓦積工の労働市場はそのユニオンが独占し、労働市場は強固に統制されることになる。

そしてその職域の仕事をする権利は、自分たちユニオンにあると主張する。これを労働組合の「職業への権利」（ライト・トゥ・トレード）という。その職域に不法労働者や他のクラフト・ユニオンの熟練労働者が侵入することは権利の侵害として排除した。

それぞれ境界が定まっているのならば問題はないが、あいまいならば「縄張り争い」が生じる。例えば二インチ半のパイプをめぐる「縄張り争い」という事件があった。それは鉛管工組合と機械工組合とのトラブルだ。直径二インチ半以下は鉛管工、二インチ半以上は機械工組合の仕上工というように、あつかうパイプの大きさによってそれぞれの「職業への権利」が確定し、それが慣行になっていた。だがちょうど二インチ半のパイプについては規定がなかった。そのため二インチ半の作業を相互が主張し激しい紛争が起きた。労働条件に関係なく、不当に職域を侵害されたという理由だけで長期のストライキをもあえておこなったのである。

つぎに、「縄張り」を確定したうえで、そこで働く労働者の数を制限する政策をとった。労働市場に供給される労働力を制限することで労働条件を引き上げようとしたのだ。その方法はつぎのようなものだった。

一つ目に徒弟制度を活用して熟練労働力の供給を制限した。徒弟制のもとで技能を習得した労働者にしか働く資格がなかったので、徒弟の数を制限して徒弟期間を厳守すれば、労働力の供給を制限することができた。

二つ目に労働者が働きすぎないようにした。働きすぎないことが、労働力の供給拡大になることを彼らは十分に知っていた。労働時間が長ければ少人数の労働者ですんでしまうし、まして残業をやれば他の労働者の雇用機会を奪うことになる。そのために組合で「標準労働日」(normal day)を設定し、これを雇い主に働く時間として守らせた。また組合員同士でも働きすぎないように労働時間を守ることを申し合わせた。もっとも親方労働者は労働過程を仕切っていたので怠けてもならない。「働きすぎない、怠けない」が標語だった。

三つ目に労働力を地域間で調整した。労働力が過剰な地域から不足している地域へ移動させる政策だ。そのため各支部は、自分たちが受けもつ地域で、その職業の欠員(求人)がでた場合には直ちに本部に通知する義務を負っていた。それを「欠員簿」制度といった。

この頃はもう遍歴制度はなくなっていたので、その代わりに失業した組合員に失業手当を払い、他の地方に移っていくための費用を支給した。さらには海外に移住させるための移民手当もあった。このように本部に集中された職業情報をもとに、失業手当を支給し、職業紹介をするのがクラフト・ユニオンの重要な機能だった。

職業別組合の労働市場政策は、労働条件は労働市場の需要と供給のバランスで決まるという考えから、その供給を制限するという方法をとった。それを、徒弟制や標準労働日、労働力移動など労働組合が決めたルールを組合員に守らせることで実現したのである。

クラフト・ユニオンの賃金政策

職業別労働組合の組合機能の第二は、賃金政策である。賃金政策としてクラフト・ユニオンは協定賃金という方法をとった。この協定賃金の「協定」は、労使間の交渉による協定ではなく、組合のなかの仲間同士が守るべき協定だ。協定賃金より安いところでは働かない。これがクラフト・ユニオンの仲間の約束事だった。

すでにみたように、クラフト・ユニオンの組合員は雇い主がその協定賃金を認めなければ、そこの仕事場から離れてしまう。自発的に就労を拒否し離職する。これがクラフト・ユニオンのストライキだった。

この協定賃金で決められた賃金率（一時間当たりの職種別賃金）は、「標準賃金率」の要求である。この標準賃金率は、最下限の賃金という意味ではなく、もちろん最高額の上限を規制しているわけでもなく、あくまでもその職業の熟練労働者の組合員ならば、誰もが支払われるべき標準的な賃金のことを意味した。

この「誰もが」という標準賃金の同一性こそ注目されなければならない。なぜなら、ここに今日の「同一労働同一賃金」原則の源流があるからだ。職業別労働組合の時代における「同一労働」とはエンゲルスも指摘した「同一職業」を意味している。同じ職業で、一定の腕前をもった熟練労働者の賃金は、誰に雇われていようと、また労働者がどのような属性をもっていようと、同じ賃金が支払われるべきだ。これが職業別組合の「同一職業同一賃金」の原則である。ところで、この職業別組合の賃金政策が展開され、やがて全国的な職種別労働市場と職種別賃金が形成されることになる。「同一職業」＝「同一賃金」ということは「異種職業」＝「異種賃金」のことでもある。つまり職業の難易度や伝統にもとづいて職業間に賃金の高低がある。しかし職業ごとに賃金格差は存在するが、それぞれ孤立しているのではなく、また職業ごとに反目しあっているのでもない。職業間は縦の序列で結ばれているのである。

ウェッブ夫妻が紹介しているが、綿をすく低賃金の綿梳《めんそ》工たちと、自分たちよりも何倍も高い賃金を得ている糸紡ぎの精紡《せいぼう》工たちがいた。綿梳工たちは、精紡工たちが標準賃金率を守るとき、それを助けるために何のためらいもなくストライキに入ると述べている（ウェッブ、一九二七）。高い賃金の職業が賃金を引き上げれば、低い賃金の職業の賃金を引き上げるのを容易にするからだ。職業別賃金のそれぞれが縦に結びついているのである。

さらに同じ職業の職業別賃金を、全国的に広げていく。各職業別組合は自分たちの標準賃金率を「工場より地方へ、地方より英国内に於ける同職業の全範囲へと、拡張することに努める」（ウェッブ、一九二七）。

この努力をつうじて、全国的に一職業一賃金率の構造ができあがる。また各職業別組合も同じように全国的な職業別賃金率をつくる。こうしてさまざまな職種別賃金がより合わされ、一国レベルで職種を基準にした賃金システムが形成されたのである。

クラフト・ユニオンの相互扶助政策

組合機能の第三は、労働組合による相互扶助政策である。職業別労働組合の相互扶助政策は友愛協会がおこなっていた共済活動を引き継ぐ面と、新たに賃金・労働市場政策と結合している面との二つの性格があった。

合同機械工組合では手当について規約に定められ、疾病手当が病気のとき毎週支給された。事故や失明、視力障害、脳卒中、てんかん、パーキンソン病などで就労不可能になったときは一括して支払われた。また一八年間組合員であった五五歳以上の者に組合は終身年金を支払った。組合員とその妻が死亡したときには埋葬手当が支給された。このような相互扶助の手当はお互いに生活を支え合うことが目的だった。

一方、相互扶助政策は、生活に困って標準賃金率よりも安く働くことを防ぐための職業政策上の機能ももっていた。失業している組合員に対して標準賃金より低い賃金で働くことを禁止し、その代わりに失業手当を支給した。組合の支部は、労働能力の劣る「老年者」などであった場合には「安く受くることを許す」だろうが、「一人前の屈強な者であった場合には」引き続き失業手当を与える方をとるだろう(ウェッブ、一九二七)とされていた。このように失業手当

出所：Pelling(1992)

図6　合同機械工組合の組合員章

と賃金政策は統一的な関係にあった。

このような共済制度のさまざまな手当によって組合員の労働と生活が維持されていた。当然、豊かな共済制度は高い組合費で支えられる。その高い組合費は協定賃金で得られた高い賃金だから支払うことができる。このように熟練労働者の賃金で豊かな共済の恩恵も得られたのである。

職業別組合の機能についてみてきたが、そこから、労働組合は比較的恵まれた熟練労働者のところで確立した意味がわかる。なぜなら、高い熟練職種の労働力からなる狭い労働市場は、労働者相互の競争が最も規制しやすい領域だったからだ。しかし有利な条件に加えて、やはり労働組合がその労働市場に対して的確な政策を展開したことも重要だった。

職業別組合の組合員は、貧しい労働者一般から抜けだし、当時、労働貴族と呼ばれていた。しかしそれは、いち早く労働組合を確立したことによるものだった。

クラフト・ユニオンの組合員は図６のような組合員章を額に入れて飾っていた。「団結せよ、そして勤勉であれ」との標語がある。組合員たちにとってその組合員章は、職業上の地位と生活の安定が、労働組合によって守られているとの誇りと安心を象徴するものだったに違いない。

つぎにみるように、この確立した労働組合が労働者一般に広がっていくことになる。

第三章　分析編1

労働組合の機能と方法

1　労働組合とは何か

労働組合とは何か。この問いには、職業別組合の歴史をふまえてこそ答えることができる。職業別組合は「本当の労働組合」だからだ。また一九世紀後半、労働組合が成長するなかで労働者を基盤にした政党も出現した。この両者の関係も問われることになる。

労働者相互の競争

労働組合の目的から、労働組合とは何かを考えようとすると、答えがわからなくなる。日本の労働組合法は、労働組合の目的を「労働条件の維持改善その他経済的地位の向上を図ることを主たる目的」と規定している。それは正しい。ところが、この目的という点だけなら、企業別組合と「本当の労働組合」とは区別がつかない。

そこで、労働組合が出現する時代に注目して、労働組合とは何かを探っていくことにしよう。ここでも、労働組合の出現と発展の同時代人であるマルクスとエンゲルスの着眼と分析が重要となる。労働組合を分析する前に、労働者の状態をどのようにとらえるべきなのか。彼らは等しく、ここから出発している。

労働者が悲惨などん底の状態にあった当時、それに憤慨し、告発するだけでは問題の解決にはならなかった。なぜ、どのようにして悲惨な状態が生みだされたのか。

エンゲルスは「競争は、近代ブルジョア社会において支配的な万人の万人にたいするたたかいのもっとも完全な表現である」。「この労働者相互間の競争こそ、現在労働者がおかれている状態のなかでもっともわるい面」であり、資本家のもっている労働者に対する「もっとも鋭い武器なのである」と指摘している（エンゲルス、一八四五）。

マルクスもまた「労働者のもつ唯一の社会的な力」である団結は、「不団結によって挫かれる。労働者の不団結は、労働者自身のあいだの避けられない競争によって生みだされ、長く維持される」と述べている（マルクス、一八六七）。

二人のこの分析の視点が重要である。経営者が労働者を過酷な状態に追いこんでいるのは当然だが、経営者の横暴で悪辣《あくらつ》な仕打ちが労働者の悲惨な状態を生んでいると、短絡的にとらえていない。むしろ敵ではなく、味方にこそ、労働者の内部にこそ、悲惨な状態を生みだす根源があると指摘している。ここが重要である。

これが労働組合の本質に直結する。「労働者自身のあいだの避けられない競争」に労働者の状態悪化の原因があるのだから、これを引っくり返せばいい。競争ならば競争を規制すればよいということになる。

エンゲルスは先の文章につづけて「だからこそ労働者は、組合《アソシエーション》をつくってこの競争を排除しようとつとめる」と書き、また「組合」と「ストライキ」は「競争を廃止してしまおうとする労働者の最初の試みである」と述べている（エンゲルス、一八四五）。マルクスも「労働組合は、この競争をなくすかすくなくとも制限して、せめてたんなる奴隷よりはましな状態に労働者を引き上げるような契約条件をたたかいとろうという労働者の自然発生的な試みから生まれた」と指摘している（マルクス、一八六七）。

労働組合の根源的機能とは「競争規制」である。労働者がバラバラにされ、相互に競争をさせられている。この状態に対して労働組合が労働者を結合させ、労働者同士の競争を規制する、これがユニオニズムに他ならない。

「個人取引」から「集合取引」への転換

ところで二人の指摘は労働組合の本質をついてはいるが、どのようにして競争を規制すればよいのか、詳しく説明してはいない。それをわかりやすく説いたのが、イギリスのシドニー&ベアトリス・ウェッブ夫妻による『産業民主制論』である。本書は一九世紀末のイギリス労働組合運動を分析の対象にし、労働組合の原理的な構造を「目的」「機能」「方法」という三つの次元でとらえた。

ウェッブは労働組合の根本的な機能についてこう説明する。「産業競争制度の下では、労働条件が個人取引に依らず或る共通規則に依って決定せらるるに非ざれば、生活標準の低下を防止すること不可能だというのが、労働組合の根本的信条の一箇条である」。

この一文の論理は、「産業競争」のもとで「個人取引」を放置するならば、生活は「低下」する。だからそれに対して「共通規則」を対置しなければならないということだ。

まず前段だが、ウェッブはつづけて、「雇主が互いに競争し」ているもとでは、「個人取引」があれば、「商敵よりも」賃金を安く支払うことができると述べている。つまり企業同士が激しく競争しているもとで、雇い主は「商敵」に打ち勝つために、賃金を引き下げようとする。

賃金を引き下げたい雇い主にとって「個人取引」は好都合である。「個人取引」とは、労働者一人ひとりが個別に雇い主と雇用の契約をすることだ。職を得ようとする労働者は我先にと、激しく競争する。自分の労働力を他の者よりも安くしてでも売りたいとする。

その労働力商品が売買される場が、労働市場である。例えば、ある労働者が「私は時給一五〇〇円でなければ働かない」といい、別の労働者が「私は一〇〇〇円でいい」といったとする。雇い主は「じゃあ一〇〇〇円で雇う」となるのは当然のことだ。

「個人取引」のもとでは、雇い主は安い賃金で働く者、長時間働く者、きつい仕事でも働く者、それらをよりどりみどり自由に選ぶことができる。労働力はいい値で買いたたかれる。こうして労働市場で労働力商品の安売りがなされる。労働市場は労働力商品の「バーゲンセール」の場と化す。これが「個人取引」である。「個人取引」がまかり通っているかぎり、労働者同士の激しい競争を抑制することはできない。

労働者間競争を規制する労働組合機能

「個人取引」のもとでは、労働者の生活はとめどなく悪化する。その悪化をくい止めるにはどのようにすればよいのか。そこでウェッブが、当時の労働組合をつぶさに観察して探り当てた概念が「共通規則」(コモン・ルール)である。

ウェッブは「共通規則」を労働「条件の集合取極め」ともいっている。つまりウェッブは、「個人取引」を抑制するには、集団で取り決めた労働条件を「共通規則」として設定することだとしている。「第一章　歴史編1」でみたように、競争を規制するには平等を設定すればよい。労働組合も競争を規制するために平等の基準を築くことが不可欠だ。

「共通規則」は職業別組合で検討した標準労働日や標準作業量、標準賃金率などとして具体化される。労働者一人ひとりが、同じ賃金で、同じ労働時間で、同じ作業量で働くようにする。

そうすれば、「共通規則」のもとでの労働者はみな同じなのだから、雇い主は選ぶことができなくなる。

さてここで、「共通規則」に関してつけ加えなければならない重要な問題がある。「共通規則」の中軸である賃金についてだ。「共通規則」とは労働力商品を平等つまり「同じ物」にすることだった。それでは賃金を「同じ物」にするにはどうすればよいのか。

エンゲルスは初期労働組合を観察して、「一つの職業における賃金は、すべてどこでも同じ高さにたもつ」と指摘した。「一つの職業」を基準にしているのである。それを「同じ高さ」にする。これで「同じ物」ができる。このようにすれば、同じ職業の労働者ならば、同じ賃金で「まとめ売り」をすることができる。同一職業＝同一賃金が賃金の「共通規則」なのである。

競争規制の三つの方法

労働組合の「目的」は労働条件の維持改善であり、その「機能」は「共通規則」にもとづく労働者間競争の規制であった。つぎは、競争規制という組合機能をどのような方法によって実現するのか、その方法についてウェッブは論じている。

ウェッブは、労働者間競争を「規制」することが、労働組合の「機能」だとしたが、その機能をどのようにして発揮させるのか。労働力商品を、「共通規則」の労働基準どおりに売買させる規制の方法は三つある。

第一は相互扶助の方法である。まだ社会保障が充実していない時代であり、労働組合は相互扶助・共済制度を活動の柱にしていた。共済制度が競争規制の方法であることは、「第二章　歴史編2」の職業別組合における相互扶助の政策で述べた。

失業者は生活のためになんとしても職に就きたいだろう。しかし「共通規則」から離れて、職を得ることを組合は禁じる。その代わりに、失業手当を与えて生活を保障する。「相互扶助」は、失業や病気、老後といった不利な条件でも生活のために働こうとする組合員に、「共通規則」を守らせ、競争が生じないようにする方法としてあった。

第二は法律制定の方法である。これは今日の最低賃金制や労働時間制をみればわかるだろう。「共通規則」を国家の法律によって制度化したものである。法律の目的は、賃金や労働時間を法律で規制することによって、競争によるそれ以下での労働力商品の安売りを禁止するところにある。

第三は「集合取引」の方法である。これこそが労働者間競争を規制する方法の中心的な位置を占めている。「集合取引」（コレクティブ・バーゲニング）との用語は、今日では「団体交渉」と訳されているが、『産業民主制論』が戦前に訳された時は「集合取引」だった。この言葉の方が、競争を規制する組合機能の根本を表しているように思われる。労働力商品がバラバラな状態にあるのを集合させる。コレクティブにする。つまり労働組合に組織化する。そして組合が労働者を代表して取引(バーゲニング)する。これが「集合取引」の方法である。

こうして労働組合とは何かの問いに答えることができる。労働組合は労働条件の向上を目的とする。その目的を労働者の競争を規制する組合機能を発揮させることで実現させる。その機能は三つの方法を用いることではたすことができる。これが「本当の労働組合」である。

2 労働組合と政党

労働組合は「政治団体に従属」してはならない(マルクス)

労働運動の歴史は、労働組合が誕生し、成長するとともに、やがて労働者・労働組合を基盤にした政党が出現する流れになっている。労働組合と政党とが並び立つようになった時期に、国際的な労働者組織である第一インターナショナルが活動していた。マルクスはその理論的、実践的な指導者だった。そのマルクスが両者の関係について述べていることは今日的な意味がある。

一八六九年、「ハマンとの会談」という文書で、マルクスの指摘が紹介されている。「労働組合は、もしその自分の任務をはたそうというのであれば、政治団体と関係したり、そうした政治団体に従属したりしてはけっしてならない。こうしたことが起こると、労働組合に致命的な打撃を与えることになる」(マルクス、一八六九b)。ここでの「政治団体」とは後に示す文脈から「政党」を意味している。

日本の労働運動を担った者たちにとってこのマルクスの指摘は、にわかには信じがたいことだろう。どのように受け止めるべきなのだろうか。マルクスの真意を探るヒントは、一八六八年にドイツでおこなわれた労働組合の大会にある。

ドイツでは一八六〇年代、労働組合が各地で結成され、さらに労働者に基盤をもつ政党も生まれた。一八六三年五月、ドイツ最初の労働者政党「全ドイツ労働者協会」が結成された。ラサールが会長の職に就き、彼の死後、シュヴァイツァーがその運動の指導を継承した。この政党とは別に、同じ六三年の六月に「ドイツ労働者協会連盟」がベーベルとリープクネヒトがリーダーとなって結成された。

さてこの二つの政党のなかのラサール派が提唱して、一八六八年九月、「全ドイツ労働者大会」(ベルリン)が開かれた。それにさいして、シュヴァイツァーは一方の「ドイツ労働者協会連盟」の側の大会への参加を拒絶した。片方の党派だけで全国的労働組合組織が一方的につくられたのだった。

この事態にマルクスはシュヴァイツァーに怒りの手紙を送った。マルクスは手紙のなかで

「私は、いま生きているだれをとってみても、労働組合の分野ではだれにも負けないぐらいの経験は積んでいるつもりです」と自負を示している。マルクスが労働組合運動の理論的なリーダーであることは、第一インターナショナルでの彼の活動をつうじて誰もが認めていたことだった。その立場からこう述べている。

「ベルリン大会について言えば」、「あなたとしてはラサール派以外の指導者たちと了解をつけ、彼らといっしょに計画をつくり、大会を招集するようにしなければならなかったところです。ところがあなたは、公然とあなたと手を結ぶか、でなければあなたにたいして正面から反対するか、そのどちらかという選択の余地しか与えませんでした」(マルクス、一八六八ｂ)。

マルクスはその直前のエンゲルス宛ての手紙で、「『宗派《セクト》』か『階級』かのどちらかを選ばなければならないことを彼にはっきりさせてやる」(マルクス、一八六八ａ)と言っている。このようにマルクスは、自分たちの党派だけで、しかも党派と癒着した労働組合をつくったことに対して激しく批判したのである。

さてマルクスが、シュヴァイツァーに手紙を書き送ってから一年後にハマンとの会談があった。このハマンという人物はラサール派だったので、この大会の事態を念頭において、忠告の意味で話したと推測できる。

労働組合の全国組織が、ある特定の政党と癒着した関係でつくられた。それを知ったマルクスは、労働組合が政党と関係したり従属したりしてはならないと強く感じた。その思いをハマンに伝えたのが先述の「ハマンとの会談」という文書である。このような経過になるだろう。

日本の労働組合の戦後史は、特定政党と労働組合との密接な関係で彩られてきた。それは、労働組合を革命のための道具としてしかみなさず、政党の従属物のようにあつかってきた戦前の赤色労働組合主義の残滓《ざんし》である。労働組合は政治団体に従属してはならないとするマルクスの考えとはかけ離れているとみなければならない。

第四章　歴史編3

よるべなき労働者たち

――一般労働組合の時代――

1　新労働組合運動（ニュー・ユニオニズム）の台頭

いち早く産業革命を遂行したイギリスは、「世界の工場」を誇っていた。しかし、さしものイギリス経済も一八七三年の世界的な恐慌から一転して慢性的な不況に陥り、九六年までぬけだすことはできなかった。この「大不況期」は労働組合が新しく生まれ変わるための舞台をつくり出した。

労働組合の形態転換はあれこれの形態の選択の問題ではない。時代が提起する課題に古い労働組合が応えられなかったときに形態転換の課題は浮上する。この時代、提起された課題は今日の日本と同じように貧困と失業だった。古い労働組合はこの解決に役立たなかった。新しい労働組合が貧困と失業との闘いのなかで誕生することになる。古い労働組合に取って代わる潮流は「新労働組合運動」（ニュー・ユニオニズム）と呼ばれた。

貧困観の旋回

貧困への世論の関心は、一八八〇年代にあいついでだされた都市貧民についての社会調査によって高まった。無視できないほどの貧困層をイギリスは社会的に沈澱《ちんでん》させてきたとの認識が広がり、貧困が社会問題化することになった。しかも貧困調査は貧困と労働のあり方が結びついていることを指摘した。貧困が働く貧困層の問題であることは、それは労働問題であり、労働運動が解決すべき課題であることを意味した。

イースト・エンドはワーキングプアが住む貧困地帯だった。ロンドン橋からつづくドック周辺に広がる地域だ。マッチ箱のような集合住宅が密接して並び、スラム街をつくっていた。そのなかに労働者の家族が、二部屋か、一部屋に押しこめられて住んでいた。そこは、家内で請《うけ》負《おい》の仕事をして生活の糧《かて》を得る苦汗労働の仕事場でもあり、職を得られなかった労働者のねぐらでもあった。あたりには汚いパブや安いジン・ショップ、売春宿が並ぶ。

この貧困層は、雇用不安のもとで働いている下層労働者でもあった。その日にならなければ職を得られるかどうかわからない。職がなければ生活できない。どんなに安い賃金でも雇われたい。このような雇用不安のもとにおかれていた。つまり貧困の根底には、職に就けるかどうかわからない失業問題があった。そこから失業問題は個人が怠けているのではなく、経済社会がもたらす結果であり、社会的な問題ではないのかとの認識が国民レベルで広がった。個人の怠惰に帰する自己責任論は姿を消した。

ワーキングプアに対して社会の温かい眼差しがよせられ、中産階級を含めた多くの人々に同情と慈善の気持ちを起こさせた。この「貧困観の旋回」が、新しい労働組合運動《ニュー・ユニオニズム》の登場を後押しした。そして、この汚濁にみちた「泥沼」こそ、新しい労働組合運動を生み出す揺籃《ようらん》の地になったのである。

クラフト・ユニオンの保守性と活動家集団

この失業と貧困に対してクラフト・ユニオンは無力だった。それどころか、大不況のなかで保守性を強めていった。不況のもとで起こるストライキを支援することもなく、わずかに失業手当を支給するだけだった。組合機能としてはこれまでの労働市場政策や共済制度に固執し、組織的には熟練労働者だけに加入を認める排他性を厳格に守っていた。

クラフト・ユニオンの幹部たちは、「プロレタリアの屑《くず》」「浮浪人」と呼ばれ、増大しつつあった不熟練労働者にけっして手をさしのべることはなかった。エンゲルスは一八八五年、友人のベーベルに宛てた手紙のなかでこう書いている（エンゲルス、一八八五）。

「工業の大発展が労働者というひとつの階級を生みだした」が、彼らは「けっして組合員にはなれない」。「古い労働組合は、当初からそれに粘着している同職組合的性格を、のうのうと保持してきた」、「ばか者どもは社会を自分に合わせて改革しようとはするが、社会の発展に合わせて自分を改革しようとは思わない」。「特権的労働者のふるまい」をしていると批判した（エンゲルス、一八八五）。「ばか者ども」、「特権的労働者」と口を極めてののしっている。

この広がる貧困と労働組合の無力を前にして立ち上がった者たちがいた。古い労働組合運動に対抗する新しい活動家集団《アクティビスト》だった。彼らは「法定八時間労働制」を強く主張した。八時間労働日の要求は、深刻な社会問題となってきた失業に対する解決策としてだされた。法律によって労働時間を減らすことによって、労働条件を改善させるだけでなく、失業者にその分の仕事を与えることができるからだ。

この八時間労働日の要求は、古い労働組合への挑戦でもあった。つまり、職業別組合がつづけてきた自助の政策、「何もしない政策」から、攻撃的な政策をとる新しい労働組合運動への転換点としての位置を占めた。転換を必要にしたのは、それが政府を相手にして政策の実現をめざす運動の特質からだ。

八時間労働制は法律による一律の規制によって労働時間を短縮させるものだ。そのためには議会での立法化をめざす議会闘争が必要となる。その闘争の担い手は、熟練労働者だけでなく、すべての労働者でなければならない。この運動が閉鎖的な労働組合を打破し、「ニュー・ユニオニズム」を生み出す契機になったのである（安川、一九八二）。

この社会政策の運動がこれまでの労働組合運動に疑問をもち始めていた若い活動家の心をと

らえた。合同機械工組合の組合員だったトム・マンやジョン・バーンズ、ガス労働者のウィル・ソーンも、八時間労働制の運動に積極的に参加し、やがて新労働組合運動の活動家(ニュー・ユニオニスト)になっていった。

ニュー・ユニオニストたちはイースト・エンドの失業労働者にねばり強く、街頭宣伝活動や集会をつづけた。一八八五年には、毎週開いていた日曜集会がだんだんと膨らんでいき、やがて数万人の規模にまでなった。このような失業労働者に対する働きかけは、やがて起こる歴史的な組織化運動に直結することになる。

イースト・エンドにおける不熟練労働者にとって、そもそも労働組合は「彼らとほとんど共通するものをもっていない貴族的な団体」とみられていた。クラフツ・マンたちの職業別労働組合のことだ。しかし不熟練労働者の「大軍にとっては、この新しい十字軍は、解放の福音のようにひびいた」(ウェッブ、一九七三)。ニュー・ユニオニストはこれまでの労働組合とは違うと感じさせたのだろう。やがて雪崩の一突きが起きる。

マッチ女工、ガス労働者のストライキ

雪崩は小さなストライキから始まった。失業者運動の週刊新聞『リンク』で、マッチ製造工場に雇われている少女たちの悲惨な状態が告発された。熱烈な社説は女工たちを揺り動かした。

一八八八年五月、マッチ製造工場で働いている数十人の労働者がストライキに入った。ストライキは組合組織もスト資金もなく始まったので困難な闘いだったが、彼女らの窮状は世論の同情を集め、多額の金額が寄せられた。二週間のストライキの後、雇い主から賃金引き上げと労働条件の改善を勝ち取った。

組織もなく悲惨な労働者であっても、世論に訴え、社会問題にするならば、「弱いものが、その弱いことのためにかえって、世論の干渉するところとなり、これによって成功するということは新しい経験であった」(ウェッブ、一九七三)。

これにガス労働者の闘いがつづいた。当時、ガスは石炭を工場で燃やすことでつくられていた。一八八九年三月、ガス工場の給炭夫として働いていた社会民主連盟のウィル・ソーンは労働組合づくりに乗り出した。三一日、ソーンは自分の働いている工場近くの空き地で集会を開き、週六日、八時間労働、日曜日二倍の賃金などの要求を決議するとともに、労働組合結成準備委員が選ばれた。

準備委員にはソーンや沖仲仕のベン・ティレットなどが選ばれた。彼らは、日曜日ごとに、イースト・エンドの各地にあるガス工場の近くで野外集会を開き、組合加入を呼びかけた。ジョン・バーンズやトム・マンも組織化の支援をした。またソーンは、カール・マルクスの娘であるエリノア・マルクスとその夫のエドワード・エイヴリングからも多くの援助を受けた。野外集会は六、七〇〇〇人を集めるほどになり、正式に「ガス労働者・一般労働者組合」が設立された。やがて二万人の組合員を数えるようになった。

労働組合が強大になったのをみはからって、ガス工場での二交替制勤務を三交替に替えること、つまり一二時間労働を八時間労働に短縮する要求が集会で決議された。すると、各会社はただちに現在の賃金のまま八時間労働制を認める意思を表明した。会社側の全面的な譲歩だったが、争議によらない労働者側の勝利は一般の人々を大変驚かせた。それは組合組織の拡大そのものが、実質的な交渉力をつくりだしていたことの表れだった。

だが同時に、ガス工場の中核である給炭夫は不熟練労働者といっても、石炭を浪費せず、能率良く、規則正しくガス発生炉に入れる必要があり、必ずしも、誰にでも取って代わられるわけではなかった。つまり「産業が一時的に給炭夫の意のままになっていた」という意味で「潜在的な交渉力」(ホブズボーム、一九六八b)をもっていた。このような潜在的な交渉力を、労働組合が顕在化させる時、労働者側はいともたやすく勝利を手中におさめることができたのである。

ロンドン・ドックの労働者

当時ロンドンは世界最大の港湾都市だった。各地の産物を満載した商船でロンドン港はいつもにぎわっていた。船はそこからテムズ川に入り、上流へと向かう。ロンドンの中心地にあるロンドン橋から下流のテムズ川沿岸にドックが建設され、この一帯が港湾地帯をなしていた。船はここに停泊する。

ここからが港湾労働者の仕事になる。船の中の積み荷を、はしけ船におろす。はしけで埠頭《ふとう》まで運び、陸に揚げる。これが港湾労働者の仕事であり、作業は単純な肉体労働だった。強い筋力をもつ者ならば誰にでもできた。

出所：McCarthy(1988)

図7　ロンドン・ドックで職を求める港湾労働者(1886年)

港湾労働者は悲惨な状態のもとで働いていたが、図7がその雇用の状況をよく表している。その日に雇われるかどうかはまったく分からない日雇いの労働者だ。雇われなければ失業者になる。

彼らは朝になると港湾会社の門のところに群衆となって集まる。門が開くとドックの方向に殺到する。そこには、監督労働者が木製の高いボックスのなかで立っていて、雇い入れる労働者を選択する。選んだ労働者にチケットを渡す。チケットをもらった者はゲートを通過し、仕事にありつく。そうでない者は家に引き返す。家に戻った者には貧困な生活が待っていた。職にありついた者もゲートに入ればつらい仕事が待っている。

エンゲルスは図7の状況を、実際に見てきたかのようにつぎのように書いている。「絶望しきって冴えない大群が、毎朝開門のさいには、労働者の雇い入れ人のところへ先を争って出頭するため、文字どおり合戦を演じる」。「この打ちひしがれた、まったき破滅に向かってただよっている人々の群のためには、ドックの入口のそばにダンテの次のことばを書き込むことができるだろう、これを入るものは、いっさいの望みを捨てよ!」(エンゲルス、一八八九a)。エンゲルスの下層労働者への確かな眼差しが読みとれるだろう。

ロンドン・ドックの大ストライキ

二万人ほどのロンドンの労働者は大部分が未組織労働者だった。ストライキに先だった過去二年間、「仕事を求めて相争う浮浪人の群れにたいして、組織的な反抗を説得するために、早朝、波止場の入り口」での努力が積みかさねられた(ウェッブ、一九七三)。はじめのうち、群衆は活動家らに侮辱的な言葉や屑、石をなげつけた。経営者や請負人はヤジを飛ばし妨害する者たちを雇った。貧困と失業に打ちのめされた港湾労働者に対するニュー・ユニオニストたちの組織化の働きかけがつづいた。

努力が実るときがいつかはくるのだろう。組織化よりもストライキが先行した。一八八九年八月一二日、朝八時、臨時雇いの港湾労働者の雇い入れが始まる直前、W・ソーンたちはサウス・ドックの門前で集会を開き、労働組合の結成とストライキを呼びかけた。すると、港湾労働者はただちに呼びかけに応じてストライキに入ることを決議した。

ニュー・ユニオニズムを主張し、未組織労働者の組織化に身をていして働いてきた者たちがストライキ闘争の中心に座った。ティレットが労働者の要求を整理して、一時間五ペンスから六ペンスへの賃上げ、一日最低四時間の雇用確保、出来高制と請負制度の廃止などにまとめた。

八月一三日の夕刻からストライキが始まった。先を争って仕事を求める労働者たちを説得し、仕事を放棄させた。テムズ川に沿って、楽団を先頭にドックからドックへ行進し、ストライキへの参加とスト基金の募金を呼びかけた。ストライキは「一万六〇〇〇人を動員し、昼夜をとわず、五〇マイルにわたるピケットを」はりつづけたという（安川、一九八二）。こうして、世界最大の貿易港は完全に麻痺《まひ》した。

連日、決起集会のあとロンドン市の中心地・シティへ向けて行進が繰りひろげられた。白い麦わら帽子をかぶったバーンズが先頭に立った。ぼろをまとった貧民だけでなく、長い緋色《ひいろ》の服にピンクの長靴下、ビロードの帽子といったまるで盛装した狩人のようなはしけ船頭の一団もいた。参加者は一万人におよんだ。一糸乱れぬ五列縦隊の行進に世論はわいた。世論は悲惨な状態の港湾労働者の側についた。

ドックの経営者側は労働者の団結と世論の支持からみても、スト破りを導入することは困難だった。最終的には九月九日にだされた調停案、すなわち時間当たり五ペンスを六ペンス、請負の仕事は出来高の仕事に代えるなどの提案を受け入れた。こうして、九月一四日、一カ月にわたるストライキは労働者側の勝利のうちに終わったのである。

2　一般労働組合の基盤と組合政策

ストライキを導いた活動家集団

労働組合の組織形態の転換は、それを必要とする労働者類型の登場が条件となる。その類型の登場を客観的な条件としつつ、その転換を担うユニオンの活動家集団が主体的な条件となる。ロンドン・ドックのストライキは、一般労働組合（ゼネラル・ユニオン）という全階層の労働者を組織する労働組合を生みだした。この点で労働組合運動の歴史を画する出来事だった。それでは、いったい誰がこのストライキを導いたのだろうか。それを考える手がかりになるのがエンゲルスの手紙だ。エンゲルスはストライキを支えたマルクスの娘、エリノア・マルクスに最大級の賛辞を送っている（エンゲルス、一八八九b）。

「ドック・ストライキ」は「この数年来の最も前途有望な運動であり、私は命あってそれに出あったことを誇らしく、またうれしく思う。マルクスが生きていて、これを目にすることができたら！」と述べている。初期の職業別組合に注目し、特権的労働者のものとなった職業別組合を批判し、一般組合の成功に歓喜するユニオニスト、エンゲルスの感慨はひとしおだったのだろう。

マルクスへの思いもそこからだったに違いない。「労働組合は、非組合員を組合に参加させることを怠ることはできない」、「賃金の最も低い業種の労働者の利益を細心にはからなければならない」、「労働組合の努力は狭い、利己的なものではけっして」ならない。こういましめていたのはマルクスその人だったからである（マルクス、一八六七）。

さらにこの手紙は形態転換の担い手を暗示している。エリノアにあてた手紙には、冒頭には「ドック・ストライキでのあなたの活動がうらやましい」とあり、最後は「私は、この活動にくわわることのできる人たちを再度うらやむ」で結ばれている（エンゲルス、一八八九b）。この文面から年老いたエンゲルスは、自分もストライキ闘争に参加したかったことがわかる。

このストライキや労働者の組織化は、既存の労働組合の幹部の指導のもとでおこなわれたのではない。トム・マンやビル・ティレットなども既存の労働組合の代表者ではない。エリノアは港湾労働者でもないし、労働組合のリーダーでもない。ストライキの時には経理の仕事で運動を支えた。いわば、労働運動ボランティアのようなものだ。ストライキと組織化を支えたのは、貧しく虐げられた者たちを救済するために労働組合を創らなければならない、その意識のもとで献身的な行動をとったニュー・ユニオニストたちだ。新しい労働組合を創らなければならないことを自覚したアクティビスト集団である。

さらにこの活動家集団は、時代の課題を受けとめる使命感をもっていた。ロンドン・ドックのストライキのあと、ある論争があった。新労働組合主義者と、閉鎖的な古い職業別組合を守ろうとする旧労働組合主義者とのあいだでの論争だ。

一八九〇年のこと、旧組合主義者は「新」に対して「調停や仲裁を否認する」とか、「立法や国家による救済にたよる」と批判した。また運動の方法についても、音楽バンドや旗、帽子、シンボルなどを用いたデモンストレーションにたよっているなどと否定した。

これに対して新組合主義者は、運動課題そのものを問題にしてこう主張した。「「新」と「旧」との真の違いは、この国から貧困を一掃することがユニオニストの仕事だということを、われわれは認識しているが、「旧」は認識していないというところにある」(Torr, 1971)。この記録の編者は「イギリス労働者階級の歴史に残るもっとも偉大な記録の一つ」だとしている(浜林、二〇〇九)。

このように検討してくると、労働組合をニュー・ユニオニズムの方向で改革しようとしてきた者たち、彼らは誰だったのかが明らかになる。それは、「この国から貧困を一掃する」目的のために結集した先進的な活動家集団である。

ゼネラル・ユニオンの組織と組合政策

ロンドン・ドックのストライキを契機につくられたのが一般労働組合だった。成立したころ、労働者は二種類に区分され、一方は高い熟練をもつ職業別組合のクラフツ・マンであり、他方はレイバラーである。レイバラーとは、上層労働者であるクラフツ・マン以外の他の圧倒的多数の労働者をひとまとめにした呼び方だった。一般労働組合はレイバラーのユニオンだった。レイバラーは特定の職業に安定して雇用されつづけることのない流動的な労働者、誰にでも仕事を取って代わられるような代替可能性の高い労働者だった。このような労働者を基盤にしている一般労働組合は、つぎのような組合政策が必要とされた。

第一は、すべての労働者を組織することだ。これが組合員資格を熟練労働者に限定したクラフト・ユニオンとの決定的な違いであり、これを契機にして労働組合は、特権的な一部の労働者の閉鎖的で排他的な組織から、誰もが入れる開放的な全階層の組合に発展した。

組織化は、組合の組織原理としてだけでなく、労働者間競争の規制戦略としても欠くことができないものだった。「流動的で、よるすべもなく、職業をさまざまかえる「一般労働者」」の労働組合の政策は「ストライキやぶりとなりうるとおもわれるすべて、結局、全国のすべての

「不熟練」労働者を、職業を超えて「一つの巨大な組合に加入させて、それにより、おおきなクローズド・ショップ制をつくりだすこと」が理想とされた（ホブズボーム、一九六八b）。クローズド・ショップ制とは、組合員でなければ雇用を認めないというものだ。要するに、いつでも自分の仕事が、他の労働者に取って代わられるような労働者、つまり代替可能性の高い労働者の登場は、その代替の範囲が組合組織の対象にならざるを得ないのである。その業種・職種のすべての労働者の組織化によって労働市場を規制することが一般組合の基本戦略となった。

組合施策の第二は、ストライキを重視したことだ。ロンドン・ドックの争議を勝利に導いたのは、港湾作業の現場を多数の力で封鎖して経営活動を一時停止させたことだった。職業別組合のように、職業上の熟練を基盤にしてその労働力の供給を制限することは不可能なのでストライキによって現場を止めることが戦術となった。一般労働組合はストライキの直接行動によって労働力の供給を一時的に停止し、経営者に圧力をかけることを基本にした。

一般組合の施策の第三は、労働条件を確保するために社会政策を要求したことだ。ストライキによって不熟練の労働市場を統制することは一時的には可能であったとしても、永続的に労働者に有利にコントロールすることはできない。そこで、「労働市場の掌握という機能を、新組合主義は公の権力を導入することによって自らのものにしよう」とした（栗田、一九六三）。

つまり職業別組合がおこなっていた職業紹介を現在の公共職業安定所のように公共の機関で

おこなうことを要求した。公共機関では求職と求人の情報が集中され、そこには労働条件が明確にされている。労働者は労働条件の良い方に流れるので、当然、標準的な労働条件を形成する助けになる。

また職業別組合のおこなった失業手当を社会保険における失業保険として、また共済制度を健康保険や老齢年金として、新しくつくりあげていく方向がめざされた。このように職業別組合の共済制度によって自主的におこなっていたものを、一般組合は国の政策制度として確立させようとした。実際、「現代の先進資本主義国家で一般的に承認されることになった一連の社会政策的立法は、この運動によってその基礎が作り出されたのである」(栗田、一九八三)。

もちろん社会政策的立法は、一般労働組合の成立時に実現したわけではなかったが、「労働組合運動を「自助」の運動から社会改良の運動に転換」(栗田、一九八三)させたところに、一般労働組合が組合機能の発展ではたした歴史的役割があった。この点で、一般組合が職業別組合の閉鎖性を打破した組織論からの意義だけでなく、その後の労働組合運動が政府へ向けた運動を展開するようになる、その初発を築いたという意味で機能論上の意義はきわめて大きい。

だが、このような社会政策を実現する運動は、労働組合運動のみでなしうるものではない。のちに検討するように、労働組合の運動を受けとめる政治の舞台が整えられることが求められたのである。

イギリスの産業別労働協約体制

ゼネラル・ユニオンの登場を触媒にして職業別組合も、産業別組合という形態で転換がなされ、それを土台に産業別の交渉機構ができあがった。

職業別組合から産業別組合への転換は縦と横との二つの方向でなされた。縦とは組合員資格を下にさげたことだ。これまでは徒弟制のもとでの親方的熟練労働者に限られていたが、熟練のレベルが低い労働者にも資格を与えるようになった。つぎの横とは、狭い範囲の職業別組合が産業ワイドに合同する方向のことだ。労働組合の合同は一九世紀末から進められた。この組合合同をつうじて労働組合は産業別に大きな規模になっていった。

産業別組合が形づくられるにともなって団体交渉も全国化していった。労働組合はこれまでの地域単位の団体交渉から、全国規模の交渉を要求するようになった。それに押されて、個別の経営者も経営者団体をつくり労働組合に対抗するようになった。

一八九八年には機械産業で、合同機械工組合を始めとした労働組合と経営者団体・機械産業経営者連盟との間で産業別全国労働協約が結ばれた。イギリスで初の全国協約であり、歴史的な意義をもっていた。しかし労働組合は産業別組合へ向かう途上での脆弱《ぜいじゃく》性をかかえ、その力関係を反映して協約の水準は低かった。

労働組合の力量によって協約の水準は上がる。その努力の結果が今日のヨーロッパにおける産業別労働協約体制だが、その基礎がこの時期につくられた。産業別労働協約体制は労働協約をめぐる労使の恒常的で安定した関係が結ばれている状態であり、産業別組合の確立がその前提となる。

その産業別組合の強化を押し進めたのが、職場での平《ひら》組合員だった。産業別協約に関係するいくつもの労働組合が職場に存在し、それぞれに所属する平組合員がいた。その組合員をまとめ、職場で中心的に活動していたのが職場委員だった。職場での労働者の苦情処理や職場交渉を進めた。職場委員は既存の組合の代表であったが、それにとどまることなく、組合を超えて職場労働者のために活動した。この職場での組合を超えた活動が、組合合同を促進させた。職場で一つの組合にまとまる土台となった。

ちなみに日本の労働運動でも「一企業・一組合、一産業・一産業別組合」の標語がある。それは「一企業・一組合」が企業別労働組合を肯定する脈絡で使われる。だがそれは正しくない。ほんとうの意味は既存の職業別組合が企業のなかで一つに合同して、一つの産業別組合の職場組織を創造する、というものだ。

イギリスの職場からの合同運動の象徴的な出来事として、一九二〇年に合同機械産業労働組合が結成された。書記長にはニュー・ユニオニストのトム・マンが就いた。このように職業別組合から産業別組合へ転換し、さらに大規模化することで産業別労働協約が築かれた。そうして今日の産業別労働協約体制がつくられ、働く者の労働条件は第一義的にこの体制のもとで決定されるようになった。

3　労働組合の形態転換と労働政治

ニュー・ユニオニズムによる労働者政党の誕生

ニュー・ユニオニズムの波は、独自の労働者政党を出現させるまでに高揚した。すでに一八六七年の選挙法改正で都市の労働者に選挙権が与えられ、一八八四年には地方の炭鉱労働者や農業労働者にも広がった。これによって労働者階級の選挙人が全体の過半数を超えた。一八七四年には二名の鉱夫が労働者出身の最初の国会議員として議席を得た。

しかしまだ労働者階級を基礎とした政党はできてはいなかった。政権も保守党と自由党がそれぞれ担っていた。労働者出身の議員は、議会では自由党の席に座り、自由党と行動をともにした。このような労働者階級出身で自由党寄りの議員は「リブ＝ラブ派」(自由＝労働派)と呼ばれた。

この状況にエンゲルスは重要な指摘をしている。労働組合は労働者代表を議会に送り込むことに意識的ではなかった。それに対して「労働組合は、労働者階級の唯一の組織であるという特権をもはやもたないようになるであろう」。「全体としての労働者階級の政治組織が、かならず生まれてくるにちがいない」と述べた(エンゲルス、一八八一)。労働組合とは別に、「政治組織」・政党が出現し、労働組合と並び立つことを予想し、期待したのである。

一八九二年の総選挙でスコットランド労働党の議長だったケア・ハーディが自由党に属さない独立派として当選した。鉱夫だった彼はシルクハットの国会議員のなかでただ一人、縁なし帽と労働者服で議席に着き、センセーションを引き起こした。この選挙についてもエンゲルスは「イースト・エンド」につぐ、「またもやすばらしい一歩前進」として、「保守党と自由党にたいして、これら両党が今後は第三の党を、すなわち労働者党を考慮に入れなければならないということを、あらゆるかたちで通告した」(エンゲルス、一八九二)と指摘し、労働政治のメカニズムが働くことを予測している。

議会のなかに独自の議員グループをつくる動きはイギリス労働組合会議(一八六八年結成、TUC)のなかでも始まった。一八九九年にその目的のために労働代表委員会を常設することが決まった。ケア・ハーディ党首、トム・マン書記長など、ニュー・ユニオニストによる全面的な指導体制がつくられた。ニュー・ユニオニストが政治の舞台にも登場してきたのだった。

この労働代表委員会の活動は、初めは思わしいものではなかった。しかし労使の激しい対立のなかから立法活動の必要性が高まり、政党形成の運動が飛躍した。

そのきっかけになったのは、南ウェールズのタッフ・ヴェール鉄道会社の争議だった。一九〇〇年の争議で労働組合側はスト破りに対してピケット体制を組んだ。一方、会社側はピケットを張る組合を相手どって訴訟を起こした。裁判所は一九〇一年の判決で組合にピケット行為に対する禁止と、ストに対する損害賠償を命じた。この判決でストライキは、刑事罰にはならないものの民事賠償として責任を負うこととなった。ストライキを実質的に不可能にするものであり、労働組合に大きな衝撃を与えた。

労働組合側にとってこの判決を無効にするには新しい立法を成立させる以外になかった。タッフ・ヴェール事件は、労働組合の活動家たちに独立した労働者政党の必要性を最終的に確信させることになった。

そして一九〇六年、総選挙がおこなわれ、労働代表委員会の議員は二人から二九人に躍進した。他の労働者階級出身の議員を加えると五四人を数えた。この年、労働代表委員会は労働党に改組し、労働者代表の議会内の会派を構成した。以後、巨大な労働組合と労働者政党との連携がイギリスの政治を動かしていくことになる。

国家による社会政策の展開

一九〇六年の選挙は労働党を登場させるとともに、自由党の体質をも変化させ、政権の座につかせた。それまで自由党は自由放任主義の政策を掲げながら、保守党政権のもとで野党として雌伏一〇年を送っていた。労働党の誕生はこの自由党にとってライバルの出現でもあった。膨大な労働者の票をめぐって労働党と競わなければならなくなった。この政治状況が変化をもたらしたといえる。これが労働政治のメカニズムであり、それを動かすのが強大な労働組合である。

この自由党が国家による社会改良政策を進める自由主義へと変身した。労働党の進出を押さえ、長期に政権を維持するには社会政策を展開して労働者の支持をつなぎとめる必要を自覚したのだ。だがたんに労働者の票欲しさだけではなかった。自由党は自由放任主義の保守から、社会政策を進める保守へと政党の理念を変えた。これを社会的自由主義といって今日でも福祉国家の枠を崩さない保守の政策理念になっている。一方、日本ではこの社会的自由主義を掲げる保守は一貫して存在していない。

一九〇六年から一一年まで自由党政府のもとで社会改良政策が画期的に推進された。この時代は、リベラル(自由党)によってリフォーム(改良)が推進されたので、「リベラル・リフォーム(自由=社会改良)の時代」と言われている。ニュー・ユニオニズムの主張した国の政策制度による労働生活条件の改善は、政党政治のメカニズムにもとづいて、労働者政党ではないが、自由党の手によって進められた。この「リベラル・リフォーム」が戦後の福祉国家の土台になったとみなされている。

選挙の結果をとおして、まず懸案だったタッフ・ヴェール判決をくつがえす立法として、一九〇六年、労働争議法が制定された。この法律は争議行為の民事免責を確立し、平和的なピケッティングを合法化するものだった。

つぎに社会保障政策があらゆる方面で発展した。そのなかの児童福祉については、貧困家庭の学童に学校給食をおこなうことを認める学校給食法(一九〇六年)と、学童の健康診断と学内診療所の設置、貧困家庭での医療費無料をさだめた学童保険法(一九〇七年)を成立させた。学校給食は一九一四年に義務化され、土曜日や休暇中を含め貧困学童に給食が提供されることになった。一九〇八年には無拠出の老齢年金制度が実現した。七〇歳以上の高齢者で所得制限が加わっていたが、無拠出という点で画期的な制度だった。

労働政策としては、労災と職業病で補償を受ける権利を与えた労働災害補償法(一九〇六年)、鉱夫連合の長年の運動目標でもあった炭鉱夫八時間労働法(一九〇八年)、さらに職業紹介所法(一九〇九年)、最低賃金制=賃金委員会法(一九〇八年)が制定された。

一九一一年、社会改良政策の仕上げともいえる国民保険法が制定された。これはすべての労働者の強制保険という点で画期的なものだった。この国民保険法は、この健康保険とともに、失業保険の両制度をあわせもっていた。疾病と失業という大きな不安に国の責任で対処していった点で特筆すべき改革だった。

ところで、これら社会政策の諸制度は財政支出をともなうものであり、税制改革が必要とされた。一九〇九年の予算案で自由党政府はつぎの原則を導入した。勤労者と不労所得者とを区別して前者の税率を軽くする差別課税制と、高額所得者に対して超過所得税を別に付加する累進課税制、低所得者に対して児童控除をおこなう減免制、この三つである。予算案は「人民予算案」と呼ばれ、社会主義的だと批判する保守党の頑強な抵抗にあったが、翌一〇年に成立した。

このような社会政策の画期的な成果を生みだした根源もまた労働組合の形態転換にあった。組織的には全階層の巨大な労働組合を創り出し、労働組合の機能の面では自助の運動から社会改良の運動へと発展させた。この時期、労働組合の組織と機能の二つの発展を必須の条件として、福祉国家の基盤となる改革がなされたのである。

これまでみてきたイギリスの事例は、貧困に向き合う社会労働運動の一つのモデルと言えるだろう。ワーキングプアが膨れあがり、貧困が個人の責任ではなく、社会の問題であるとの「貧困観の旋回」がなされた。ニュー・ユニオニズムの活動家は貧困問題を労働運動が解決すべき課題としてとらえ、働く貧困層を、ストライキをつうじて労働組合に組織化した。一般組合は組織的には全階層の巨大な労働組合を創り出し、労働組合の機能の面では自助の運動から社会改良の運動へと発展させた。この政策制度の闘いの延長線上に福祉国家は姿を現す。

働く貧困層が広がっている今日の日本においてこの現実を直視するならば、ニュー・ユニオニズムから始まり福祉国家へと至る「イギリス型形成モデル」は、過去のものとするわけにはいかない。それは、福祉国家形成における労働運動の規定性を明確にしているからだ。

戦争国家と福祉国家――ベヴァリッジ報告

福祉国家の基盤形成は新しいユニオン運動を背景にした「リベラル・リフォーム」だったが、福祉国家を実現させる直接的な契機になったのもまた労働運動の力だった。

第二次世界大戦(一九三九～四五年)後、イギリスで福祉国家の見取り図を示したのがベヴァリッジ報告であることはよく知られている。報告書がだされた一九四二年は戦争のまっただ中だった。この報告に対する政府の意図は、報告を戦後社会のビジョンとして示すことで、労働者の戦争協力をとりつけるところにあった。

当時、イギリスはナチス・ドイツを戦争国家、連合国を福祉国家と宣伝していた。それは自国の国民の戦争協力を得るためだった。そのような戦後社会の約束を、労働者にしなければならないぐらい彼らは戦争に協力的ではなかった。それは第一次世界大戦(一九一四～一八年)後、多くの労働組合が戦争に協力したにもかかわらず、労働者の生活は改善されなかったからだ。戦間期、労働者は失業と貧困に苦しめられた。だから労働者は生活を守るために戦争のさなかでも平気でストライキをおこなった。

ストライキは一九四〇年に非合法化され、強制的な仲裁制度で紛争は処理されるようになったが、ストは増加した。四二年には戦前の水準に戻ったほどだ。「争議は石炭産業で最悪だった。労働大臣アーネスト・ベヴィンの言によれば、「シェフィールド地帯の炭鉱労働者の実力行使は、空襲が与える以上の損害をイギリスに与えた」」(内藤、一九七五)のである。イギリスはドイツ軍の空襲を受けていた。それでも戦争遂行にとって重要な石炭産業で大きなストライキがなされていた。

だから、ベヴァリッジ報告がなければ労働者に戦争遂行の犠牲を求めることは難しかっただろう。報告は失業や貧困は個人の問題ではなく、国家が雇用と生活の安定を保障することを約束した。このように戦争遂行の条件のもとで、強力な労働運動が福祉国家という方向で国家の形を変えていったのである。

第五章

歴史編4

アメリカの経験

——産業別労働組合への道——

閉鎖的な職業別労働組合から全階層の労働組合への発展は、アメリカでも多くの苦難をへて実現した。アメリカは早い時期から大量生産方式が広がり、職業別労働組合の技術的な基礎は崩されていたが、職業別組合の閉鎖性は強固だった。アメリカの労働運動はその職業別組合の外部に産業別組合を確立する長い歴史をもっている。この外部構築の経験を学ぶことが日本の労働組合の再生には欠かせない。

1　労働運動の二つの潮流

旧移民と新移民

幌馬車をつらねて辺境《フロンティア》に向かうアメリカの西部開拓も、南北戦争のあと一八九〇年には終了する。この前後に、アメリカ労働運動の担い手は分かれ、運動もまた分断される。

フロンティアに可能性を求め多くの国から移民が入ってきた。アメリカに移民してきた人々は、その時期によってエスニシティの大きな違いが生じている。フロンティア消滅前に移住してきた者は「旧移民」と呼ばれた。多くは北・西ヨーロッパ、特にドイツ、イギリス、アイルランド、スカンディナヴィア諸国から移民してきた者たちだ。彼らには二つの道が開けていた。一つは西部で自営農民となることであり、あと一つは都市で熟練労働者になることだった。

一方、フロンティアが消滅した後に移民してきたのが「新移民」だ。南・東ヨーロッパが主体であり、東ヨーロッパのポーランド人、ハンガリー人、南ヨーロッパのイタリア人などだった。すでにフロンティアが消滅していたので自営農民になることは難しかった。他方でこの時期、生産方式の機械化が進んでいたので新移民の大部分は大量生産工場に引き入れられた。あるいは、その産業予備軍になった。

この旧移民と新移民の区別がアメリカ労働運動に大きな影響を与えることになった。熟練労働者の「旧移民」を中心に職業別組合が構成され、一方、不熟練労働者の「新移民」は労働組合のない未組織労働者だった。両者は深い対立関係にあった。

職業別組合は新移民の労働者に関心を示さなかった。また経営側は、「新移民」を大量生産工場に雇い入れるとともに、職業別組合に対するスト破りとしても活用した。エスニシティの差異は、職業別組合を支える技術的な基盤が切り崩されているにもかかわらず、その組織的な閉鎖性を強固なものにしたのである。

労働騎士団

アメリカ労働運動には職業別労働組合のアメリカ労働総同盟(ＡＦＬ)の流れと、それとは別に不熟練・半熟練の労働者を組織化する労働組合の流れの二筋があった。ＡＦＬは長期にわたって存続したが、後者の労働騎士団(ナイツ・オブ・レイバー)と世界産業労働者組合(ＩＷＷ)は崩壊する。しかしこの戦闘的なユニオニズムの伝統は生きつづけ、産業別組合会議(ＣＩＯ)として結実することになる。ここでは、後者の流れを中心にみていくことにしよう。

労働騎士団は一八六九年、フィラデルフィアの仕立工の組合員数人により発足し、しだいに全国的に拡大した。労働騎士団は職業別労働組合ではなかった。あらゆる職業の労働者、そして熟練・不熟練を問わず、エスニシティや性差の違いを超えて、広く労働者を組織しようとした。また労働者だけでなく、農民も入ることができた。労働騎士団は一八八一年に秘密結社の性格を解除したことからめざましい発展をとげた。

労働騎士団が後世の歴史に名をとどめることになったのは八時間労働制の闘いだった。労働騎士団の本部よりも、むしろ末端の支部から八時間労働制を要求する闘いが起きた。騎士団のオルグは八時間労働制を闘うために新しい支部をつぎつぎにつくっていった。

労働者たちは、労働時間短縮を認めた工場でつくられた「八時間靴」をはき、「八時間煙草」を吸った。これを「ユニオン・ラベル」運動という。そして、「第一の八時間は仕事のため、第二の八時間は休息のために、そして残りの八時間は、おれたちの好きなことのために」という歌をうたった（ボイヤー他、一九五八）。八時間労働の要求は労働時間の短縮とともに、自由時間の渇望だった。

一八八六年、労働時間短縮の運動は大きな高揚を迎えた。五月一日を頂点とする八時間労働制の運動に三四万人の労働者がストライキや集会、デモなどで参加した。一〇〇人以上が殺害された一八七七年の鉄道大ストライキを想起して、シンシナティでは四〇〇丁の小銃をもつ労働者部隊が行進の先頭に立った。他の都市でも労働者の武装隊がつくられたが、おおよそ平穏だった。

しかし悲劇は五月四日に起きた。八時間労働制の運動の中心はシカゴだった。シカゴでは四月に二万五〇〇〇人のデモがおこなわれた。五月四日、ヘイマーケット広場で一二〇〇人が参加して集会が開かれた。雨が降り始めて約三〇〇人ほどになった解散直前の集会場、そこに一八〇人の武装警察隊が解散を命じて侵入してきた。その時、突然ダイナマイトがどこからか飛んできて警察隊のなかで爆発した。衝突が起こり、警官側七名、労働者側四名が死亡、多数が負傷した。

結局、このヘイマーケット事件の犯人は判明しなかったが、アナーキストの八名が逮捕され、四名が絞首刑に処せられた（ボイヤー他、一九五八）。事件の引き金となったストライキとデモの発生日である五月一日が、今日でも世界各地でおこなわれている「メーデー」の起源である。

これを契機にアメリカ各地で、経営者や警察、マスコミの反労働組合のヒステリーが巻き起こった。ヘイマーケット事件は労働騎士団が衰退するきっかけとなった。

2　職業別組合の限界と産業別組合の挫折

熟練労働者の反抗

一八八六年、職業別組合のナショナル・センター（労働組合全国組織）であるＡＦＬが結成された。初代会長にはサミュエル・ゴンパーズが就任し、結成時は二五万人の組合員を擁した。この時期のアメリカの職業別組合は、自律的な結束と共済制度だけでなく、ストライキと団体交渉を闘争の基本とした。世界に先駆けて機械化や大量生産方式が普及していたアメリカでは、純粋な職業別組合の機能だけでは経営者に対抗できなかったからだ。

一八九二年のホームステッドにある鉄鋼所の争議は熟練労働者の戦闘性とその基盤を示している。ペンシルヴァニア州ホームステッドのカーネギー工場で、史上最大の流血の闘争といわれた大争議が起きた。この工場にはＡＦＬ加盟の合同鉄鋼労働組合の組織があった。ホームステッド工場には約三八〇〇人の労働者が雇用され、そのうち熟練工が約二二〇〇人、すなわち約五八％が熟練労働者だった。カーネギー社は組合に対して賃金の二五％切り下げと団体交渉の廃止を提案してきた。争議は賃金切り下げを発端にしていたが、実はもっと大きな背景をもっていた。

この大きな工場の労働過程は労働組合によってコントロールされていたのだった。「仕事の配分、交替時間の規制、機械の変更」などの労働条件や、熱度や原鉱投入量、屑鉄の比率、銑《せん》鉄《てつ》の質などの工程までも組合によって規制されていた（ブレッヒャー、一九八〇）。親方的な熟練工が溶鉱炉の火をみて温度を定めていたように、彼らによって工場の生産は支配されていた。

その中心的な熟練職種は「火と鍛冶と神の子孫」と呼ばれる錬鉄工だった。この錬鉄工の組合員である内部請負親方による間接的労務管理こそが、経営側が打ち破りたい対象だった。直接的労務管理を確立することなしには、鉄鋼一貫生産の大量生産方式はできない。経営側にとっては突破しなければならない障害だった。したがってホームステッドの争議は「工場・職場での内部請負制の解体にむけた鉄鋼資本の厳しい労務政策とそれに対する合同鉄鋼労働組合の組織・機能との全面的衝突」であり、工場での経営権をめぐる労資の攻防という性格を強くもっていた（平尾、一九八四）。

賃金切り下げの発表とともに六月三〇日、ホームステッド工場では全労働者がストライキに入った。会社側はロックアウトで応えるとともに、ピンカートン探偵社からスト破りを三〇〇人雇い入れた。ピンカートン探偵社は常時二〇〇〇人、予備三万人のスト破りやスパイ、暴力集団をかかえるアメリカ最大の労働組合弾圧の専門会社だった。

七月四日、探偵社は夜陰に乗じて下流のピッツバークから汽船でスト破りを工場に送りこもうとした。しかし、武装したスト破りの行動は組合側に気づかれ、埠頭に近づくまでに労働者や家族ら一万人が結集した。そのうち数百人が騎兵銃やライフル、猟銃、ピストルで迎えうち、銃撃戦は一二時間つづいた。結局、ピンカートン側が降伏したが、ストライキ側は九人、スト破りは七人が死亡した。捕まったスト破りは労働者たちによるきびしい鞭《むち》打ちの刑にあった。

労働組合側はこの戦闘では勝利したが、しかし七月一二日、武装した八〇〇〇人の州兵が出動した。その護衛のもとでスト破りが工場に導き入れられた。ストライキはその後、四カ月間もちこたえたが、一一月二〇日、敗北に終わった。ホームステッドだけでなく、カーネギーの会社で、そして中西部の鉄鋼地帯の多くで組合側は敗退した。こうして鉄鋼一貫生産体制が確立したのだった。

その体制のもとに大量の新移民が不熟練労働者として吸収された。一九〇七年、カーネギーの諸製鉄所では、二万三〇〇〇人以上の労働者のうち熟練工一七%、半熟練工二一%、不熟練工六二%という比率になった。労働条件は八時間労働制が廃止され、労働者は一二時間の二交替制で働かされた。ホームステッドの敗北は「近代的労務管理の編成に確実な基盤を与えることになった」(平尾、一九八四)。

組合側の敗北の要因は、直接的には鉄鋼産業における新技術によるものであるが、それに対応する主体の側の問題もあった。「以前には、合同組合の熟練労働者なしで工場を動かすのは不可能だった」。「だが、工場の機械化がすすむにつれて、雇用主は、新参の労働者と核になる熟達した労働者若干とで、作業を開始することができた」。これに有効に対処するには、職業別組合の組織原理ではなしえないことは明白だった。「唯一、熟練労働者・不熟練労働者を問わず、すべての鉄鋼労働者を含み、関連産業の労働者に支援される運動だけが、カーネギー社のような強大な企業に対抗して勝ち目があった」(ブレッヒャー、一九八〇)。この歴史の教訓をこれ以後も、労働者は敗北のなかから繰り返し学ばされるのであった。

IWW

IWWは一九〇五年に結成された。熟練労働者と半熟練・不熟練労働者とのみぞが深まっていた時期に、西部出身の戦闘的な労働者と、東部出身の社会主義者の協力によってつくられた。今日でも使われている「ワン・ビッグ・ユニオン」はIWWのスローガンだった。「一大組合」は、職業や熟練、国籍、エスニシティ、性差の区別なく、一つの中央集権化された組織に結集するという組合思想である。

ＩＷＷの登場によってこれまで既存の組合から排除されていた黒人や、英語のわからないイタリア人などの新移民、そして初めて組織化の対象になった日本人などのアジア系、これらすべての労働者に労働組合の門戸が開かれた。ＩＷＷは不熟練労働者や季節移動の農業労働者、移民労働者など最下層の労働者の組織化を重点とした。「ワン・ビッグ・ユニオン」という遠大な目標に向かって組織化と闘争が始まった。

ＩＷＷ組合員は「ウォブリーズ」と呼ばれ、しだいに全国的に知られるようになった。活動の重点は西部ではビート畑やレタス畑、果樹園などで働く農業労働者、太平洋岸の森林地帯では伐採作業に従事する林業労働者、鉱夫やカウボーイ、沖仲仕などだ。東部では大量生産工場で働く移民の半熟練・不熟練労働者を組織した。

ＩＷＷのストライキのなかで最も大きく有名なのは一九一二年、マサチューセッツ州ボストン郊外・ローレンス市の繊維工場で闘われたストライキだ。ここで働く労働者はアイルランドやイタリア、ロシア、ポーランドなどからの移民だった。

現地に入った指導者ビル・ヘイウッドは、一七カ国の国籍からなるストライキの労働者に分かりやすくＩＷＷを説明するよう、演説者に助言した。「五本の指を開き、〝これが（バラバラの）ＡＦＬなのです〟と言う。それから短い間を取って、握り拳を振り上げ、〝これがＩＷＷ、つまり労働者の「一大組合」なのです〟」と（久田、一九九〇）。

このストライキは州兵の銃剣や警察の警棒の前で労働者は非暴力に徹し、世間の注目をあびた。図8をみてもわかるが、左側の着剣した州兵と労働者が対峙している。IWWは、われわれは「何もしない。それだけで州兵や警官を武装解除させることができる」と強調し、「腕組したままのストライキ」を実現させた(ドボフスキー、一九八九)。結局、「パンとバラのストライキ」と呼ばれたこの闘争は勝利した。「バラ」は労働者の誇りを表している。

出所：Baker(2007)

図8　ローレンス争議の労働者と州兵(1912年)

しかし悲劇が始まった。一九一四年一月、ユタ州のソルト・レーク市警察は、殺人事件の容疑でジョー・ヒルという人物を逮捕した。ジョー・ヒルはスウェーデン人の移民で、カリフォルニアでIWWの組合員になった。ジョー・ヒルは組合員であるとともに、IWWのために多くの歌をつくったシンガー・ソングライターでもあった。今日でも「牧師と奴隷」など彼の作品は歌われつづけている。

ジョーは「でっち上げ」によって死刑が宣告された。ジョーはIWWの指導者ビル・ヘイウッドに、アメリカ労働運動史上、最も有名な文章を打電した。「さよなら、ビル。ぼくはきっすいの反逆者として死に臨む。ぼくの死を嘆いて時間を無駄にするな。組織せよ」。

こうしてジョー・ヒルはアメリカ民衆の伝説の人になり、「嘆くな、組織せよ!」(ドント・モーン　オルガナイズ)はその後のアメリカ労働運動の標語になった。ＩＷＷのシンガーであったジョー・ヒルの精神は、アメリカン・フォークソングの父といわれるウディ・ガスリーに受け継がれ、ウディ・ガスリーはピート・シーガーに引き継がれ、そしてピート・シーガーはボブ・ディランやジョーン・バエズに影響を与えた。一九六九年のウッドストックでジョーン・バエズは、アール・ロビンソンのつくった「ジョー・ヒル」を歌った。そして二〇一六年、ボブ・ディランはノーベル文学賞を受賞した。

ＩＷＷは一九一四年から始まった第一次世界大戦に反戦の態度をとった。そのことによって政府の弾圧は厳しくなった。反戦を主張していたフランク・Ｈ・リトルは、宿泊先のホテルから連れ去られ、町はずれの鉄道の橋脚で「絞首刑」にされた。弾圧のなかでＩＷＷも解体した。

ＩＷＷの戦闘的精神はアメリカ労働運動のなかで忘れ去ることのできない刻印を残した。ビル・ヘイウッドは、ヘイマーケット事件で絞首刑により死んだ犠牲者の遺言が私の生涯の一大転回点だったと、その影響を後に回顧している。ＩＷＷは労働騎士団の戦闘的な組合運動の影響を強く受けていた。その精神はつぎのＣＩＯに受け継がれていくのだった。

３　労働者の企業別分断と産業別組合の対抗

「ノー・ユニオンの時代」

ＩＷＷは衰退したが、アメリカ労働運動は後退してしまったのではなかった。ＡＦＬは当時、事実上の無組合産業だった鉄鋼産業への組織化に乗りだした。一九一九年にはＵＳスティールをはじめ多くの鉄鋼工場がストライキに突入し、操業は停止した。アメリカ労働組合史上最大のストライキになった。

この鉄鋼の大争議に政府は連邦軍をさしむける弾圧態勢をとったが、ストを敗北させるのに最も効果的だったのはスト破りの投入だった。この時期、南部の黒人は未熟練労働者を必要とする工場地帯に大量に移動してきた。新移民とともに黒人が不熟練労働者の一員に加わったが、同時に争議では彼らはスト破りの役割を負わされた。鉄鋼ストでも貨車に詰め込まれた黒人労働者が工場に送り込まれた。企業の操業はむしろ向上し、二〇年一月、ストライキは多くの犠牲者をだしながら完全に敗北した。

この巨大企業への労働組合の挑戦が敗北を喫したのち、経営者はアンチ・ユニオニズムの強硬な姿勢を打ち出した。この政策が一九二〇年代のオープン・ショップ運動である。職業別組合は組合員でなければ雇用を認めないクローズド・ショップ制を要求していたが、これまでも経営者はこれを拒否することはあった。しかし一九二〇年代のオープン・ショップ運動は、クローズド・ショップ制の拒否にとどまらなかった。一切の労働組合の否認と団体交渉の拒否を目的にする経営者と政府による大運動だった。

企業の中への労働組合の侵入は許さない。企業内の労働組合員は追放する。この労働組合撲滅の政策が展開された。労働組合の影響力拡大を阻止するために「黄犬契約《こうけん》」や「ブラックリスト」などが有力な武器として活用された。「黄犬契約」は入社後に労働組合に加入しないことを誓約させ、それを条件に雇い入れる契約だ。経営者たちは企業への組合活動家や組合員の浸透を防ぐために、彼らの名簿を作成し、各企業に配布した。それが「ブラックリスト」だ。また労働組合オルグに対して黒い革の袋に砂をつめて「ブラック・ジャック」と呼ばれる棍棒をつくり撃退する露骨な暴力も行使された。

このような労働組合攻撃によってアメリカの組織労働者は、一九二〇年の到達点である五〇五万人から、二三年に三六二万人に減少してしまった。一九二〇年代が「組織労働者の凋落《ちょうらく》」あるいは「ノー・ユニオンの時代」と呼ばれるゆえんである。

労働者の企業内統合と会社組合

一九二〇年代の労使関係政策は、反労働組合のハードな面だけではなかった。労働組合を強権的に抹殺することと、労働組合機能を吸収し、無用化すること、この二つが絡みあっていた。後者は「厚生資本主義運動」と呼ばれる。

「厚生資本主義運動」は労働組合対策とともに、労働力を企業内に定着させる目的をもっていた。大量生産方式の過酷な労働に労働者は耐えられるものではなかった。離職率は高く、企業は労働者の定着をはかる必要にせまられた。そのために労働者のモラールのアップと企業忠誠心の喚起をうながす対策が考えだされた。

その政策の柱は福利厚生制度の充実だった。具体的には団体保険制度や年金制度、共済制度、従業員持株制度などがあった。年金制度は一種の企業年金であり、スト参加者は減額または停止されるというものだ。疾病や傷害、事故、葬儀などの互助的な共済制度も広く普及した。

また福利厚生制度の施設やサービスを援助する政策もおこなわれた。病院・医療施設や食堂・カフェテラス、図書館、体育館、運動場、保育所、住宅施設などがあった。さらに競技会やピクニック、サマー・キャンプ、ダンス・パーティー、映画鑑賞、音楽会、企業招待夕食会などのレクリエーションが企業の援助で催された。

これらは職業別組合がおこなっていた共済制度や労働者の懇親・連帯といった組合機能を、企業が吸収してしまう役割をもっていた。「産業別労働組合の時代」、経営側の労働運動対策の基軸は企業横断的な労働者の連帯を阻み、労働者の関心を企業内に向けさせることであった。

会社組合

会社組合は、企業内の従業員の代表が会社と労働条件について交渉し、または苦情を処理する組織として登場した。オープン・ショップ運動のピークの後を受けて発展し、一九二八年は組織労働者のうちの四四・五%を占めるにいたった。

会社組合には団体交渉権が名目的にはあったが、実際の交渉はなされず、争議権も認められていなかった。せいぜい従業員の苦情処理と、会社への諮問のための企業内従業員組織という性格をもった団体である。「本当の労働組合」とみることはできない。

会社組合の導入は、第一次大戦後の激しい労働攻勢で労働者側が敗北し、企業横断的な労働組合運動が企業から排除された、その後になされた。経営側は「オープン・ショップ運動」で企業から労働組合を排除し、「厚生資本主義運動」で企業統合の労務管理政策を展開した。そこで登場した会社組合は「オープン・ショップ攻撃の、いわば、完成段階=占領地管理施策という性格」と、「外部の組合運動の侵入を未然にふせぐ」橋頭堡《ほ》の役割をはたすものだった(田島、一九八一)。

しかもこの会社組合は、AFLが排除していた不熟練労働者や黒人労働者をも含む、企業内の従業員のすべてを組織していた。彼らはこの会社組合によって初めて対等な組織労働者としてあつかわれたことになる。その後、労働組合が大量生産工場における組織化を開始したとき、組織化の障壁としてこの会社組合が立ち現れたのだった。

ニューディール政策と労働攻勢

一九二九年に始まる世界大恐慌はアメリカ資本主義を危機に陥れた。一九三二年の大統領選挙で勝利した民主党のフランクリン・Ｄ・ルーズベルトは、翌年就任すると直ちにニューディール政策を打ち出した。一九三五年には労働立法や社会保障法など重要法案を成立させた。そのなかでアメリカ労働運動史上、決定的に重要なのがワグナー法である。

ワグナー法は労働者の団結権、団体交渉権、ストライキ権を確認するとともに、経営者側の不当労働行為を明確にした。だがワグナー法の企図は、それらの権利を一般的に承認することよりも、むしろ会社組合を排除するところにあった。会社組合を非合法とはしないが、労働組合に対する会社の干渉や資金援助を不当労働行為として禁止し、それによって自主的な労働組合を育成しようとした。

ニューディール政策によって労働運動をめぐる環境は劇的に変化した。ＡＦＬは落ち込んでいた組合員数を増加させた。その増加は大量生産工場の労働者の組織化によってなされた。統一炭鉱労組や婦人服国際組合などの産業別組合も勢力を増した。

ＡＦＬも新しい組織方針を掲げた。これまでは大量生産工場の労働者を職種別に区分けし、それぞれを、別々の職業別組合に加入させていた。それは不合理なやり方だった。そこで職種を混合して、ＡＦＬの直属組合として組織する正当な方針をとった。この工場ごとの直属組合が発展し、統合することで産業別組合への道も開けることになった。

しかしこの直属組合の政策はＡＦＬの多数派によって葬り去られた。工場労働者の組織化にかかわる一四の全国的職業別労働組合は管轄権を主張した。管轄権は自分たちの組合にかかわる労働者を組織する権限であり、組合はその組織化の権利を譲らなかった。あくまでも直属組合に入れることに反対した。

例えば屠殺・缶詰製造工場には牛屠殺や豚屠殺、内臓処理、ソーセージ製造、マーガリン製造など別々の職業別組合があり、またゴム工場では機械工や電気工、火夫、塗装工、鉛管工、鍛冶工などそれぞれの職業別組合があった。それらの工場で組織された労働者は、各職業別組合に分割されるという事態を生みだした。そして一九三五年、ＡＦＬの大会で産業別組合による組織化を主張する決議案は否決された。

この時に既存の労働組合の外に新しい労働組合を確立するという外部構築の路線が明確にされた。当時のアメリカ労働運動には、職業別組合のＡＦＬを克服するには、ＡＦＬの内部から改革していくのか、あるいはＡＦＬとはかかわりなくその外に労働組合を構築していくのか。この二つの路線をめぐる対立があった。前者を「内部からの切り崩し」、後者を「外からの粉砕」と呼ばれていた。このうちの「外からの粉砕」の路線が鮮明になった。

当時、ナショナル・センター・ＡＦＬには職業別組合だけでなく、産業別組合も存在していた。ＡＦＬの大会が産業別組合の組織方針を否決したのちに、産業別労働組合の代表が集まり、産業別組織委員会（ＣＩＯ）を結成した。ＣＩＯとＡＦＬは対立を深めた。ＣＩＯは職業別組合に対して産業別組合をつくる「二重組合主義」をとらざるを得ず、この対立は「労働組合の南北戦争」と呼ばれた。その後、ＣＩＯは一九三八年の大会で三五全国組合、八組織委員会などをもってＡＦＬから分離し、ナショナル・センターとして確立した。名称も産業別組合会議（ＣＩＯ）と改称した。このＣＩＯが自動車産業と鉄鋼産業の巨大企業に挑んでいくことになる。

自動車産業での産業別組合の確立

自動車産業では経営側の長期間にわたる「オープン・ショップ運動」によって、一九二〇年代半ばには経営側にほぼ完全に支配されていた。会社組合さえもなかった。労働組合が撃退され、デトロイトはオルガナイザーの「墓場」と言われていた。しかしニューディール政策のもとでＡＦＬも自動車産業の労働者を直属組合に組織するようになった。直属組合はやがて一九三四年に全国評議会を結成し、さらには一九三五年、二万六〇〇〇人の組合員によって全米自動車労働組合(UAW)を結成した。この自動車労働組合は翌三六年、AFLを脱退してCIOに加入し、UAW・CIOが成立した。

全米自動車労組はただちに組織活動を開始した。組織化の対象はビッグスリー、すなわちゼネラル・モーターズ、フォード、クライスラーに向けられた。まずそのうちの最大企業・GMで火ぶたが切られた。

一九三六年一二月、GMのオハイオ州クリーブランドとミシガン州の工場で始まったストライキは組織化の成否をかけた闘いになった。UAWは組合の承認と団体交渉を迫ったが、GM側が拒否し、長期の争議になった。

この争議でとられた戦術が「座りこみ」(スィット・ダウン)ストライキだった。ピケットラインによって労働者を工場に入れないストライキではなく、バリケードを築き工場を占拠するやり方だ。そうすることで暴力的なスト破りを防ぎ、さらに、ストライキを排除するなら、それは経営者の財産である工場や機械の破壊につながることを示すことができた。長期のストを成功に導く方法だった。

座りこみの労働者は、一つの工場で数千人の規模におよんだ。労働者は棍棒やブレーキ部品で武装し、ボルトやナット、ちょうつがいが山のようにつまれ、ガソリンも用意された。だがストの防衛と工場での生活は整然となされていた。特別パトロールや保安グループがおかれた。労働者は機械に注油し、消防隊を組織して出火を監視し、工場の保全に注意を払った。またアルコールの持ち込みを禁止し、毎日、工場の清掃と各自のシャワーを義務づけるなど衛生面でも良好さをたもった。

各工場には楽団があり、マンドリンやバンジョー、ギター、ハーモニカを演奏し、ダンス・パーティーも催された。演説法や労働運動の講義もおこなわれた。工場の外では全国の自動車労働者がぞくぞくと支援にかけつけた。家族や地域の人々は支援組織をつくり、スト参加者の食糧を工場に差し入れた。州知事は州兵を差しむけ工場を包囲したが、弾圧というよりもむしろスト参加者への差し入れの妨害を禁じた。

一二月二九日に始まったフリント工場の座りこみストは四四日間、二〇〇〇人の労働者が寝食をともにしてつづけられた。そして翌一九三七年二月一一日、ついにＧＭ側はＵＡＷを承認し、団体交渉の相手とすることを認め、組合側に屈服した。自動車産業における長年にわたるアンチ・ユニオニズムはこうしてＧＭから突き崩されたのである。

鉄鋼産業での会社組合との闘い

ＣＩＯの組織化の攻勢は自動車産業とともに鉄鋼産業へも向けられた。鉄鋼産業はノー・ユニオンの状態が長くつづいたが、経営側はニューディール政策が始まると積極的に会社組合を組織した。鉄鋼産業の労働者の九〇%以上が会社組合に組織される状況になった。これに対抗するCIOの挑戦はつぎのような経過をたどった。

第一に企業横断的な産業別組織をつくった。一九三六年、AFLの合同鉄鋼労働組合にCIOが援助し、鉄鋼労働者組織委員会(SWOC)がつくられた。AFL系の職業別組合だった組織が、産業別組合主義者の組織に転換し、組織化の主体となった。一八五人の専従オルガナイザーを擁するSWOCは組織活動を進めた。組織化のターゲットは一社で鉄鋼労働者の半数を擁していたUSスティールだった。

第二に会社組合の内部改革を進めた。会社組合は、すでに内部は労働者派と会社派とに分かれ、対立していた。SWOCは労働者派をつうじて会社組合への浸透をはかった。会社組合の代表にSWOCの労働者を出させ、労働者の要求を会社側にせまった。

第三に会社組合を企業別組合に転化させた。工場(事業所)ごとにつくられていた会社組合を統合して企業別中央委員会を設置し、会社に団体交渉機関として承認を求めた。企業側もSWOCの外部組織との影響を断ち切りたいため、企業別組合の団体交渉権を認めることにした。

第四に企業別組合を産業別組合に統合した。企業別中央委員会の指導層がSWOCに加入し、企業別組合は企業外の産業別組合のコントロール下におかれることになった。しかし、会社側はSWOCを団体交渉の相手とは認めなかった。

第五に会社に産業別組合を団体交渉機関として認めさせた。SWOCによる団体交渉を要求するストライキの機運が高まった。一九三七年二月にはGMでのストライキが勝利した後、三月二日、USスティールは労働組合の攻勢に屈してSWOCを団体交渉の相手として承認した。企業内組合は産業別組合に組み込まれたのだった。組合が要求していた一日五ドルの最低賃金率や週四〇時間の作業制限、有給休暇制、先任権制度などを含む労働協約を締結した。

このような組織化の努力をへて産業別労働組合が確立した。それは職業別労働組合に代わる新しい労働組合を築き上げる長い歴史の結果だった。労働騎士団からIWW、そして産業別組合・CIOへと至る労働運動の戦闘的潮流が形成されていた。「CIOの組合員の多数は」「IWWにたいする迫害とIWWの組合員の投獄によって抵抗の意志をきたえられ、そうした試練にたえて生きのこり、CIO傘下の各産業別組合の結成に力をかした」(レンショウ、一九七三)。その歴史は全階層を包み込む新しい労働組合を構築するには、長い期間をかけた戦闘的な努力が必要とされることを教えている。

アメリカのパターン・バーゲニング

アメリカはヨーロッパのような産業別労働協約体制を築けなかった。一九二〇年代の「ノー・ユニオンの時代」をへて、アメリカはニューディール期に入るが、独特の労使関係が形成されてしまった。それは二〇年代の企業内統合のための従業員代表制や会社組合の影響を強く受けた労使関係によるものだった。

ニューディール政策のもとでつくられたワグナー法は、企業から独立した産業別組合を育成するために、会社組合を抑制する狙いをもっていた。それは法的な枠組みをとおして排除するやり方だった。職場の選挙で過半数を得た組合が団体交渉権をもつとした「適正交渉単位」制度をつくった。交渉単位が工場別になり、そこで排他的な交渉代表が選ばれることになった。だから産業別組合が代表権を得れば、会社組合を排除できる。そこから産業別組合・CIOと会社組合との交渉代表をめぐる争いが展開された。

一九四〇年頃までには会社組合をほぼ一掃することができた。しかし産業別組合・CIOが会社組合と代表権を争い勝利していく過程は、企業単位の労使関係を産業別組合が早々と組み込んでしまう流れでもあった。つまり産業別組合が勝利するには会社組合がおこなっていた企業内での交渉や苦情処理、労働協約などの企業内の事項に深くコミットせざるを得なかったからだ。これが「ニューディール型労使関係」であり、今日のアメリカ特有の労使関係をつくり出す源流となった(伊藤・関口編著、二〇〇九)。

この労使関係のもとで、アメリカの団体交渉はパターン・バーゲニング方式と呼ばれるやり方をとっている。産業別全国組合は、業績が良好で支払能力がある企業にターゲットを定め、そこでまず高い水準の労働協約を実現する。それをパターン（雛型《ひな》）として他の企業交渉に波及させるという方法だ。しかし、ヨーロッパの産業別労働協約に比べると、アメリカの労働協約は、どうしても労働組合のある大企業に偏りがちである。日本の労働組合の新生はやはりヨーロッパ型の産業別労働協約体制をめざすべきだろう。

第六章

分析編2

いかにして社会を変えるのか

―ユニオニズムの機能―

1　産業化の新しい段階と産業別労働組合

「産業別組合の時代」に入ると、工業化はスピードを速め、生産方法も大量生産方式を生み出した。この時代の転換に規定されながら、ユニオニズムは変化に適応し、新しい段階を築いていった。

大量生産方式と半熟練工

工業化と技術革新は新たな産業の発展をもたらした。一九世紀後半以降、鉄鋼や自動車、造船などの重工業、そして化学や石油など化学工業、これらの重化学工業化が進展した。生産の方法も大量生産方式が広がった。この工業化の新しい段階は第二次産業革命とも呼ばれている。一九〇八年にフォード社が大量生産によって「T型フォード」を売り出したが、これまでの技術と生産方式の変化を象徴する出来事だった。職業別組合はこの時代の転換に適応することができず、ユニオニズムは新しいステージに至ったのである。

新しい産業化・工業化が労働組合にもたらした最大のインパクトは職業別組合の基盤であったクラフト・スキルを解体したことだ。その解体は、技術の発展によってもたらされただけでなく、経営側の狙いもあった。経営側は熟練の解体をつうじて労働過程を支配しようとしたのである。それは二〇世紀初頭のフレデリック・テイラーによる科学的管理法によく表れている。

テイラー主義は、職業別組合の技術的な基礎であるクラフト・スキルを徹底的に解体することを意図した。つまりアメリカのホームステッドの争議(第五章)でみたように職業別組合の組合員が統制する労働過程は非効率であり、経営者の支配にとって排除すべき対象だった。

その労務管理の手法はまず熟練工が「多能的熟練」として一人でやっていた労働を細分化し、単純な作業の集まりにした。そしてその各作業の方法を定型化し、詳細な指図票を作成した。労働は細分化され、マニュアルにもとづき誰でもできる単純な作業の繰り返しとなった。まさしく、労働者は無味乾燥な労働に縛りつけられ、労働は労苦になったのである。このようにしてクラフト・スキルは解体させられた。

ところでこの労働は、クラフト生産がもっていた「構想と実行の一致」(第二章)を破壊したことで出現したものだ。人間は労働をする前に、どのように労働をするのかをまず自分の頭で考える。ところがテイラー・システムは労働者からものを考える行為を奪ったのである。ブレイヴァマンは「人間を労働能力の点で動物よりも優ったものにしている本質的な特徴は、実行が、なされようとしていることの構想と結びついているというところにある」と人間労働の本質を指摘している。この二つを引き裂いた「労働過程の非人間化」こそ「科学的管理のかなめをなすもの」(ブレイヴァマン、一九七八)と評している。このように大量生産方式と科学的管理法は、今日にまでつながる非人間的な労働を労働者に強いた。これが現代の労働である。

産業別労働組合の形成

ところでこの「構想と実行」が分離され、実行だけを強いられる者、この者たちが産業別組合の担い手となった。工業化の新しい段階は、産業別労働組合が登場する土台を準備したことに注目しなければならない。

大量生産方式によってクラフト生産は崩壊し、労働者の管理も間接的労務管理から直接的労務管理へ移行した。企業は親方を通さず、労働者を直接雇用するようになった。雇用も日雇いや請負の形ではなく、多くは企業に常用雇用された。労働者は企業に雇用されて働き、経営側は労働者を指揮命令して働かせる。賃金も企業が直接支払う。この時期、今日ではあたりまえの企業ごとの直接的な労使関係が生まれた。

さらにクラフト・スキルの解体にともなって、職業別組合の基盤であった職種(トレード)は分解し、職務(ジョブ)が出現した。その職務を担う労働者が半熟練工である。半熟練工は単一の職務を、決められた時間で、繰り返し作業をする労働者だ。この多数の半熟練工を軸に労働市場は構成されることになる。

半熟練労働者のスキルは一定期間の訓練は必要だが、その後はすぐに仕事をこなすことができるレベルだ。だから経営者は代わりの労働者をいつでも労働市場から雇用することができる。大量生産方式にもとづく半熟練工の登場は、労働力の全面的な代替可能性を労働市場に与えた。

この代替可能性をもつ単一の労働市場の出現は、労働者間競争を新しい段階に引き上げた。熟練職種の狭い労働市場での競争から、半熟練の広い範囲での競争へと進展した。こうして労働市場の構造変化は、その労働市場を組織範囲とする労働組合、すなわち産業別労働組合（インダストリアル・ユニオン）を必然のものにしたのである。

労働組合の組織形態

ところで、これまで労働組合の組織形態の歴史を学んできたが、ここで整理をしておこう。「本当の労働組合」には職業別組合と一般組合、産業別組合の三つの形態がある。

職業別組合はたんに職業別に区分けされた組合ではなく、徒弟制にもとづく手工的熟練という歴史的な段階に規定された形態だとみるべきだろう。したがって職業別組合は今日では基本的には存在しない歴史的な概念である。

つぎに一般組合は、歴史的には職業別組合に排除された不熟練労働者によって組織されたが、しかしそれにとどまることなく、産業別組合の対象であった半熟練の膨大な労働者にも組織化を進めていった。組織対象は産業別組合と同じである。違いは交渉単位と全国組織の性格にあるとみるべきだろう。

一般組合はその内部に業種別部会(トレード・グループ)ごとに仕切られている。その部会が、業種に対応する経営者団体と交渉をおこなっている。その交渉機構のなかで職種別賃金を決定している。

産業別組合もまたそれに対応する経営者団体と交渉し、交渉にもとづいてその産業のなかのすべての職種の賃金を決定している。したがって、団体交渉によって企業横断的に職種別賃金を決めているという産業別組合の根本においては、一般組合の業種別部会もまったく同じである。違いは「産業」と、やや産業の幅が小さい「業種」にあるだけである。その意味で業種別部会も産業別組合とみなしてよいだろう。

したがって、職業別組合の歴史的な段階をへて、現代の労働組合を総称する場合に、それを産業別組合と呼ぶのは妥当だと考えられる。それは一般組合が複合産業別組合ともいわれていることからも理解されうる。業種別部会が一つの産業別組合であり、それらが集合して全国的な一つの大きな一般組合を形成しているのである。

2 労働組合機能の発展

「共通規則」と「ジョブ」の特性

技術革新による機械化と大量生産方式は、半熟練という新しい職務を生みだした。この職務が「共通規則」の賃金の基準であり、また採用や昇進などポストの範囲になっている。このような労働社会の基準であるジョブは、ギルドの職業技能を源流にしながら、職業別組合の熟練職種、産業別組合の半熟練の職務というようにその伝統が引き継がれながら形成されている。つぎの四つの特質にまとめることができるだろう。

第一には、ジョブには仕事の範囲が確定され、同一性があることだ。ジョブの源流であるギルドで菓子職人のジョブは「菓子作り」、パン焼き職人のジョブは「パン焼き」というように仕事の範囲が限定されていた。仕事の範囲が確定され、仕事の中身も同じならば、ジョブは同一性をもつことになる。

今日でもジョブの世界では、労働者が就いている仕事のやり方は詳細な職務記述書で定められている。職務記述書はやるべき仕事の範囲を明確にした職務範囲や、その職務内容、その職務を進める手順や方法が記述されている。さらにその職務の目標や仕事上の責任、必要とされる知識や技術、ホワイトカラーの場合にはその職務に期待される成果も書かれている。各自の仕事はこの職務記述書にもとづいてなされるので、その職務に就いたら誰もが同じように仕事をしなければならない。

第二には、ジョブには相互に侵すことのない独立性と不可侵性があることだ。仕事の範囲が限定されたジョブはそれぞれ独立し、ジョブ同士が相互に浸透することはない。労働者も「職務の範囲」を守ることは当然の感覚になっている。範囲を超えることは「縄張り」を侵すことになる。欠いてはならない仁義のようなものだ。「第二章 歴史編2」でふれたようにそれを侵すと「縄張り争い」が生じる。それぞれの労働組合がもっている「職業への権利」を侵害することになるからだ。

ジョブの世界では「自分の担当職務以外の仕事について手助けするとか、代行するなどということはおよそ考えられないことであり、また行ってはならないこととなっている」(田中、一九八八)。日本のようにみんなが掃除をしたり、ゴミを拾ったりしない。それは清掃の職務を担当する労働者の仕事であり、その人の仕事を奪うことになるからだ。

第三には、ジョブは社会的通用性をもっていることだ。欧米では「職務は企業が勝手に定義したり、変更したりできるものではなく、社会的与件として与えられるものである」。例えば「秘書の仕事はどの産業、どの企業にも共通するものであるし、旋盤工は全くまぎれもないものとなっている」(田中、一九八八)。日本では企業ごとに一応は職務の内容や範囲、権限などが定められているが、企業ごとにバラバラに決められているので社会的通用性をもたない。

それではなぜ、欧米では企業内のジョブが社会的通用性をもっているのだろうか。イギリスの職業別組合が労働市場を職種別に統制してきた歴史をみてきたが、社会的通用性は、労働組合運動の歴史がつくってきたものだ。企業横断的な労働市場の一つのジョブが、企業内のジョブとして存在している。Aジョブ、Bジョブ、Cジョブとそれぞれ職種別労働市場が形成されている。そのなかから企業の方は、必要とするジョブを担う労働者を採用する。職種別労働市場のジョブを企業内に取り込んだので、ジョブは社会的通用性をもっているのである。この社会的通用性のない職務は、企業内の職務序列として編成され、たんなる人事管理の手法の一コマとなる。

第四には、ジョブには社会的性格があることだ。ジョブは労働社会に自生しているのではない。またカロリー計算のように数学的にはじき出されたものでもない。人為的につくられたものだ。

ギルドの時代、鋤《すき》鍛冶は鋤をつくることが仕事の範囲だが、鎌をつくることもできただろう。ズボン縫い職人はマントも縫うことができただろう。しかしそれは、他のギルドの領域であり、それを侵すことはできない。そこには集団同士の何らかの調整があったからだと思われる。職業別組合でも組合が「縄張り」とするジョブは、その範囲が各組合間の対立と調整をへて確定されたものだった。

このようにジョブの特性を四つにまとめたが、このジョブが「産業別組合の時代」のユニオン運動の前提になり、また労働社会のすべての処遇を決めている。

ここで注意を要するのは、技術の変化によって職種から職務への分解したその職務と、「社会的性格」をもつ職務とは区別されなければならないことだ。例えば職務と職務との間には技術的な基礎をもった上下の「職務序列」がある。これに対して経営者は労働者管理のために、技術的な基礎から逸脱し、職務を意図的に細分化したり、上下の序列をつくったりする。労働者側はこれに反発し、職務の大ぐくりなどで対抗する。

このように「ジョブ」は一定の技術的な根拠をもつ職務をもとに、労使の対立や社会集団同士の調整をへて確定したものである。技術的な「職務」から社会的性格をもって変化した「ジョブ」、これが組合レベルでは「共通規則」となる。だからこの「ジョブ」は、労働側が経営者の恣意性を排しつつ、なおかつ労使で調整された社会的な基準として存在するのである。

このように職種・職務を基準にする労働社会は、労働組合の規制の強弱はあるものの世界標準になっている。それは、日本のように年齢・勤続・性差・能力など人に属する要素、つまり属人的な要素で評価しない社会だ。

労働者間競争の構造変化と組合機能

新しい工業化の段階は労働運動に企業という単位をもたらした。それが労働運動に難問を突きつけることになった。その難問とは、企業の出現によって労働者間競争の構造が変化したことだ。

企業間競争のもとで企業は競争にしのぎを削っている。競争に打ち勝つにはどうすればよいのだろうか。それは簡単で、自分のところの労働者の賃金を引き下げたり、長時間働かせればよい。つまり人件費などの労働条件を個々の企業の競争条件に組み込むことだ。競争条件を有利にすれば、同業他社に勝つことができる。この企業間競争に労働者が巻き込まれてしまう。これが「産業別組合の時代」での労働者間競争の構造変化である。

ところがジョブが確定している労働社会ではこの構造変化を踏み越えられる。なぜなら労働組合の根源的機能であった「共通規則」は存在しているからだ。しかし、「共通規則」であった職業を、産業別組合では、職種から職務への分解にともない職務を基礎にする必要がある。

それでは職種と職務とはどのような関係にあるのだろうか。職務はバラバラではなく、職種という縦の階段のなかに整序される。つまり職種の範囲で、やさしい職務から難しい職務へと、熟練度に応じて職務が並べられる。この職種別で熟練度別の職務が「共通規則」の基準となったのである。

この「共通規則」を労使で確認するのが、ヨーロッパの産業別組合の「労働の格付け」交渉だ。賃金交渉に入る前に、交渉で職務の縦の階段である「職務等級表」が確認される。その職務等級表には、その産業・業種のすべての職種が、その熟練度や仕事の難易度ごとに書き込まれている。

例えばドイツの小売業では、現業労働者と職員などで違う等級表だが、職員には五つの職務等級がある。そのなかの販売員の職種をみると、「販売員」→「筆頭販売員」→「購入権限を有する筆頭販売員」というように三つのランクが与えられている(藤内、二〇〇五)。この職務等級表のランクに対応して賃金の等級がある。賃金はこの産業別の企業横断的な職種別熟練度別のランクにもとづいて決定される。

日本では考えもおよばないことだが、この職務等級の賃金は企業を超えて適用される。日本には小売業の産業別組合は存在しないが、あるとする。そして、例えば「購入権限を有する筆頭販売員」は日本では店長クラスだとする。そうすると店長クラスの賃金は、セブンイレブンでもローソンでもファミリーマートでもだいたい同じということになる。賃金の「共通規則」は企業を超えて適用されるのである。

このように新しい工業化段階で登場した職務を、産業別組合は団体交渉における「共通規則」としたのである。

企業間競争と「集合取引」の発展

産業別組合の時代では、この「共通規則」にもとづいて「集合取引」(第三章)の戦略も発展した。それが企業横断的な産業別交渉である。

ヨーロッパでは企業の外につくられた産業別組合が、産業ごとの経営者団体を相手に団体交渉をおこなっている。産業別交渉で、職種別熟練度別賃金が協約賃金として定められる。

各企業は企業の外で決まった協約賃金に従わなければならない。この仕組みを「企業外在的」労働条件決定方式としておこう。このもつ意味は大きい。個々の企業のあずかり知らないところで個別企業の賃金総額の大枠が決まる。賃金は、個別企業の生産コストや利潤に左右されることはない、個別企業の事情は勘案されない、ということだ。企業はこれを受け入れて、経営活動をしなければならない。

この企業横断的な団体交渉の眼目は「企業外在的」決定方式によって労働条件を、企業同士の競争条件のらち外に置くことにある。電気代やガス代、水道代と同じだ。景気が変動しようとも、どのような経営事情があっても値引きをすることはできない。企業の規模や経営の良好さもかかわりがない。このように労働条件を企業間の競争条件から外すこと、これこそが労働者間競争の規制戦略の究極の到達点ということができる。

企業にとってもこの「企業外在的」労働条件決定はメリットがある。賃金は自分の企業だけ上がるのではない。電気代やガス代の値上げと同じことで、いっせいに上がるので受け入れやすい。

今の日本はまったく逆の「企業内在的」労働条件決定方式である。日本の年功賃金は属人的基準で決まるので、個々の企業はそれぞれの属人的な要素を組み合わせて独自の賃金体系をつくる。賃金は企業ごとにバラバラで、企業の中で決まる。だから賃金総額は生産コストや利潤に規定される。つまり、賃金総額は個別企業の事情に応じてつねに伸縮可能ということだ。

個別の企業はつねに同業他社との競争環境のもとにある。競争条件を強くするために、賃金総額を圧縮する。企業のベクトルはつねに労働条件の低下に向かう。つまり企業間競争に勝ち抜くために、労働条件を経営の競争条件に組み込むことができるのである。

日本の労働者を悲惨な状態に追いこんでいる最大の原因はこのような「企業内在的」労働条件決定方式にあるとみなければならない。賃金や労働時間が企業のなかで決まる。これに挑戦し、新しい競争規制の原理をつくりだすのが日本でのユニオニズムの創造である。

政策制度の方法の発展

「第四章 歴史編3」でみてきたように、イギリスで一般労働組合の登場によって、労働組合が労働政策・社会保障政策の拡充を求めるようになった。「産業別労働組合の時代」では産業別団体交渉と政策制度闘争とが労働組合運動の二つの重要な柱になる。

政策制度の分野は大きく三つに分けられるだろう。第一は賃金・労働条件の領域である。賃金や労働時間など労働条件を国が直接に法律で規制する。これは国が設定する「共通規則」でもある。第二は生活・福祉の領域における失業保険や年金制度、生活保護制度などの「最低所得保障」政策である。さらに第三は医療・教育・住宅・家族支援などの「生活基盤保障」政策である。

自由な時間が保障される労働時間と生活できる最低賃金制があり、それに健康で文化的な生活を支える社会政策が整っている暮らし、それは労働組合の政策制度の目標なのである。この課題を政党まかせにするのではなく、労働組合運動の独自の領域とみなければならない。

この政策制度闘争を進めるうえでもっとも肝心なことは、労働政治のメカニズムをこの日本で作動させることだ。政策制度闘争はある特定の政党をつうじて政策を実現させることではない。労働組合が、働く者から求められる政策を明らかにし、多くの政党や議員の賛同が得られるようにする。そのために議会内外の運動をつうじて党派を超えて多くの政党と議員の協力が得られるように働きかける。

さらに進んで、制度要求を押しだす労働組合の発展と、労働組合の要求を真っ向から受けとめ、生活・労働・福祉を政治の焦点にする諸政党との良好な関係がつくられることが期待される。これらの発展が、政策制度闘争の延長線上に姿を現す福祉国家のイメージなのである。

3　産業別組合組織と産業別統一闘争

組合の基底組織と統一指導部

産業別労働組合は、出現した企業という単位を乗り越え、産業別交渉で企業横断的に労働条件を決定する段階を築いた。これを保証するのが労働組合の組織と運動である。

労働組合の組織も職業別組合の時代から大きく変化した。それまでは同じ職業の者たちが地域でまとまって組合を創っていた。職場には組合組織はなかった。産業別組合の時代になると、労働組合の職場組織が登場するようになる。しかし企業単位が突出することは「共通規則」を破壊することにつながる。そこで労働組合組織のなかに企業単位をどのように位置づけるのかが重要になってくる。

そもそも欧米では労働組合は創るものではなく、入るものである。企業で労働組合を創ることはありえないことだ。すでにある産業別組合に個人の意思で加盟する。どこに加入するかというと、企業組織でも全国組織でもなく、地域の組合組織だ。この産業別地域組織に、同じ産業で働く組合員が企業を超えて組織されている。一部の巨大企業を除いては、基本的には一つの地域組織に複数企業の労働者が加入している。

日本ではイメージしにくいだろう。例えば外食産業に欧米型のユニオンがあると仮定すると、ワタミや吉野屋、すかいらーくなどで働く者がすべてこの外食産業ユニオンの地域組織に入っていることになる。衣料量販店ユニオンならば、ユニクロやギャップ、青山、コナカなどの労働者が地域でいっしょに入っている。考えにくいが、そういうイメージだ。

労働者が加入する産業別地域組織が「単位組合」である。単位組合はフランスではサンジカ、イギリスではブランチ、アメリカではローカル・ユニオンと呼ばれている。ここが組織論のポイントだが、この地域組織の単位組合が組合権限をもつ最基底の組織としての位置を与えられている。単位組合は全国組織の末端におかれ、執行権・財政権・人事権をもっている。

もちろん単位組合の下に企業・職場にも組合組織はある。班(セクション)と呼ばれている。しかしそこには組合権限は与えられていない。組合員は単位組合を母体にしつつ、班で組合活動をおこなっている。企業の組合組織は産業別交渉での協約が実現しているのかを確認したり、企業ごとにやや上乗せする賃金ドリフトの交渉、企業独自の労働問題などをあつかっている。だが産業別団体交渉を乱すような企業交渉はできない。

つまり「企業・職場」は、労働組合組織にとって「産業」「業種」の下位概念である。「企業・職場」に組合権限がないので、独立した存在にはなれない。全体のなかの一部という位置づけになっている。労働者の労働組合への結集の基軸は「産業」「業種」であり、「地域」と「企業・職場」はそれを支える結集軸という関係になる。企業に組合権限をもたせないことは、「企業」という単位が労働運動に登場した段階で、産業別組合と産業別統一闘争を支える組織的保証なのである。

産業民主主義と労使対抗基軸

「産業別組合の時代」になっても、労働組合運動を進めるうえでもっとも肝心なことは「第二章　歴史編2」でふれた「労使自治」だ。労働者の処遇は、政治的性格が揚棄された市民社会、すなわち「労使自治」と呼ばれる自治的な社会空間で決まるのである。

そのことは「産業別組合の時代」にはより明確になったといえる。それはイギリスの歴史でみたように団結禁止法の撤廃から、タッフ・ヴェール判決の克服すなわちストライキの民事賠償の免責へと自治的決着の領域は制度的に保障されてきた。これは産業民主主義の実現の歴史である。

産業民主主義は、労働者の労働生活条件は国家権力や経営者が一方的に決定するのではなく、労働者・労働組合が対等な関係で参加し、そこで決定することを保障する制度である。日本でも憲法二八条で「勤労者の団結する権利及び団体交渉その他の団体行動をする権利は、これを保障する」となっている。

そうなると、近代社会の産業民主主義のもとでは、少なくとも建前としては国家権力が介入することはできない。ならば、労働組合と経営者とが直接対決することになる。労使対抗のバトル・フィールド(戦場)ですべてが決まるということだ。

ところで、産業民主主義が保障する「団体交渉」で労使が妥結し、労働協約が結ばれる。だが協約は守らせなければならないが、守ることが法律で義務づけられてはいない。約束が破れることもある。この約束事を守らせる場が労働社会の「戦場」である。

この戦場で闘う武器は法律で与えられている。労働組合がもつ武器はストライキだ。労働者側は、ストライキで労働力商品を一時的に供給を停止することで、経営活動に打撃を与える。一方、経営側の武器はロックアウトで、経営側は会社に労働者を来させないようにする。労働力商品の購入をひかえることで、労働者の生活に打撃を与えるようにする。この正当な武器を使って闘う。

このストライキの形態も産業別組合の時代に大きく変化した。仕事を離れて家に帰ってしまうのが職業別組合のストライキだったが、産業別組合の時代にはそれはできない。ストライキは企業(工場)の経営活動をストップさせ、経営活動に直接打撃を与える方式になった。

だが労働組合がストライキを決めれば、企業活動が止まるわけではない。会社の門から入って仕事をしようとする労働者もでてくるだろう。「歴史編」でみたように経営側が労働者にストライキを破るよう、そそのかすことは常套《じょうとう》手段だった。対抗するために労働組合はピケットラインを張って阻止する。ピケットラインは会社の前に人を配置して、なかに入らないように説得する、そのラインのことだ。労働組合は労働者がピケットラインを超えないようにしなければならない。産業別組合の時代での労働組合の実力とは、このピケットラインを超えないことを労働者に約束させる力である。

このストライキをリードするのが産業別地域組織の統一指導部である。その統一指導部のもとでの産業別統一闘争が、団体交渉での労働協約の水準を決めるのである。労働者の働き方は、国家でも経営者でもなく、産業民主主義のもとでの労働者・労働組合の実力が決定する。

かつて日本で、つぎのような強調があった。「労働問題は、国家の政策や立法によって、原則として片づいてしまう」のではなく、「国家の権力的統制のまえに、当事者の自主的組織化と統制によるべき」であり、「権力万能」論は退けなければならないと(氏原、一九六八)。国家の法律や制度によってすべてが片づくと考えてはならないということだ。

労使対抗の場での労働組合の力の水準が基軸の位置を占めている。日本の労働者の悲惨な状況はこの労使対抗の場で経営側に圧倒されているところからきている。日本では道のりは遠いが、「権力万能」論を排し、労働社会における産業別の労使対抗基軸論をとり、力を蓄えていくことが大切だろう。

第七章

歴史編5 日本の企業別労働組合

——日本的労使関係の形成・衰退——

戦前日本でも、ユニオニズムの種はまかれ、芽が出た。だが、実を結ぶことはなかった。その要因は、経営側による企業別分断と、政府による産業民主主義を否定する政策だった。その企業別分断のなかで、「従業員」という日本に特有な労働者類型が登場した。日本的労使関係を基盤にした「従業員」類型は、戦後日本にも引き継がれ、企業別組合というあだ花を咲かせた。

これまでの「歴史編」で見てきたように、ユニオニズムは二段階で創造・発展してきた。熊沢誠はそれを「離陸」という言葉で説明している。「労働者階級のなかのある階層が資本主義社会の「貧民」または「国民」一般から自己を分離し、やがてはそのありかた、考えにおいてある独自性をもつ組織労働者になること、そのプロセス」、これが「離陸」である（熊沢、一九八二）。

そして、「離陸」は、職業別労働組合によって労働者上層の熟練工が組織労働者として自立する「第一次離陸」と、その後の半熟練工を中心にした産業別労働組合・一般労働組合による「第二次離陸」に分けられる。

戦前の日本、戦後の日本とも、この「第一次離陸」「第二次離陸」の歴史をもっていない。

ユニオニズムの創造を一貫して阻んできた日本的労使関係のシステムに注目しなければならない。

1 戦前第一期——「渡り職工」と横断的労働市場

「経験的熟練」と徒弟制

職業別労働組合では、組合が技能養成システムを掌握し、その技能を社会的な標準とした。それが組合員の資格でもあった。まずは日本の職業別組合における熟練形成をみてみたい。日清戦争(一八九四〜九五年)と日露戦争(一九〇四〜〇五年)を含む一八九〇年から一九一〇年までに、産業資本主義が確立した。この時期の技能は、手に依存する熟練ではあったが、「職業別組合の時代」でみた「手工的熟練」とは違う。

日本にも徒弟制度はあった。しかし、「徒弟は存在したが、これを組織的に訓練する体制が形成されず、単に熟練労働者の助手として働き、その間に徐々に経験を積むのである。日本では熟練工とは経験工のこと」(隅谷、一九七六)を意味した。当時の職人の熟練は、いろいろな労働現場に行って経験を重ね、その結果、獲得した熟練である。その熟練は個々人に宿る属人的なスキルであり、ジョブの特性である「社会的通用性」をもたない。この「経験的熟練」こそが、職業別組合の形成期の日本的特徴だった。

つまり日本の熟練は、公的な制度や企業組織、あるいは労働組合などの社会的システムによるものではない。仕事のなかで経験を積むことによって獲得される個人的な熟練である。徒弟も一人前の職工も、あくまでも個人的な経験の蓄積の意味しかもっていない。この経験的熟練を身につけるために、「職工の社会には次第に諸処の職場を渡り歩いて技能の練磨をはかる慣習が形成され、いわゆる「渡り職人」的な性格さえ見られるに至った」(隅谷、一九五五)。職場を移動して経験を積んで技能を身につける熟練職人の「渡り職工」が当時の一つの労働者類型だった。

このように「渡り職工」を中心にして熟練労働者は、企業横断的な移動を高め、流動的な労働市場が形成されていた。ここにおいては、「労働市場にせよ、労使関係にせよ、後発資本主義国家としての特色をもちながらも、西欧社会に見られたものときわめて類似していた」のであり、「終身雇用や労使の家族的関係の一片も見出すことは困難」(隅谷、一九五五)だったのである。

職業別組合の萌芽

明治後半、資本主義の発展にともなって、労働運動も台頭した。繊維産業では一八八六(明治一九）年、甲府市の雨宮製糸所で一〇〇人余の女工がストライキに入り、八九年には大阪天満紡績の女工三〇〇人が賃上げを要求してストをおこなった。また炭鉱でも長崎の高島炭鉱で、賃金引き下げに鉱夫三〇〇～四〇〇人が暴動を起こした。日本でも集団的反抗・ストライキの時期に入ったのである。

日本の初期労働運動の芽が出たころ、新しい労働団体が出現した。アメリカから帰国した労働者たちが一八九七（明治三〇）年、「職工義勇会」をつくり、「職工諸君に寄す」とのビラを全国に配り、団結の必要を訴えた。そして、義勇会が母体になって「労働組合期成会」が設立された。

中心になった高野房太郎は、アメリカに留学中、職業別組合の全国組織・AFLの会長のサミュエル・ゴンパーズとの親交があり、AFLからオルグに任命され、帰国した。高野房太郎や片山潜らが役員になり、機関紙「労働世界」を発行し、遊説や啓蒙活動をつうじて労働組合の結成を支援した。

この期成会の支援のもとで三つの労働組合が結成された。職工たちは砲兵工廠《こうしょう》や日本鉄道大宮工場など各地で機械工の鉄工組合をつくった。鉄工組合は約五四〇〇人を組織した。また日本鉄道会社の機関方《がた》や火夫、七〇〇人で日鉄矯正会が設立され、さらに二〇〇〇人を擁する活版工組合も結成された。こうして近代的な労働組合運動が日本でも開始されることになった。

この労働運動の勃興に政府と経営者は脅威を感じた。芽生えた運動を双葉のうちに抑圧するため、一九〇〇年に治安警察法が制定された。労働者や小作人の組合結成と争議行為を事実上禁止した警察法は、イギリスでの団結禁止法の撤廃(一八二四年)の以前に戻すようなものだった。産業民主主義が国家の手によって否定されたのである。

このようにして日本での職業別組合による「第一次離陸」はなしえなかった。その背景には、職業別組合といっても、一九世紀末は欧米では職業別組合の技術的な基盤が揺らいでいた時期だ。労働組合期成会によってつくられた鉄工組合も、組合員資格は「『人夫』と呼ばれた純粋の不熟練労働者を除くすべての労働者」に与えられていた。「職業別組合というよりも、産業別組合に近い形態をとっていた」(法政大学大原社会問題研究所編、一九九九)。その意味では職業別組合の技術的基盤も弱く、さりとて産業別組合の方向性も定まらないうちに、政府の弾圧によって衰退をよぎなくされたのである。

2　戦前第二期——戦前期労働運動の高揚と弾圧

間接的労務管理の動揺と労資対抗

日露戦争以後、戦力増強にともなって鉄鋼業や機械製造業が発展し、また造船業の拡大もなされ、新しい産業として電機工業も生まれた。大工業化と技術革新の波は労働運動の新しい基盤を提供した。

間接的労務管理のもとで、親方職長に生産過程の管理をまかせ、請負制度によって生産をおこなっていたこれまでのやり方が変化した。やがて企業側は職長の力を弱め、生産現場の直接的な統制をはかるようになった。

この間接的労務管理から直接的労務管理への転換は、この世紀転換期に欧米でも共通にみられる。とくにここで重要なのは、その過程で労資関係の枠組みが動揺し、労資対立が激化したことである。日本でも日露戦争後、大規模な労働争議や暴動が発生した。

一九〇六年の石川島造船所の争議をかわきりに、東京砲兵工廠、呉海軍工廠、大阪砲兵工廠などで大争議が起こり、翌年の一九〇七年には足尾銅山、北海道幌内炭鉱、別子銅山で大暴動が発生した。これらは日本資本主義の根幹をなす砲兵工廠、海軍工廠や造船所、大鉱山などの大経営における争議である。これら一連のストライキや暴動の背景には、直接的労務管理に組み込まれた上級の職長と、一方では、それと対抗的な下級の職長および平《ひら》の職工との対立があった。

なかでも争議の担い手として大きな役割をはたしたのが「渡り職工」である。「渡り職工」が移動という消極的な抵抗ではなく、争議における指導的な役割を担った。「経営による生産過程に対する支配の強化のただなかから新たな労働者層、「渡り職工」を核として経営支配に抵抗する労働者が徐々にではあれ形成されつつ」あった(兵藤、一九七一)。

そこには間接的労務管理の廃止が影響を与えていた。これまで労働過程は、支配と従属の関係ではありながらも、職工たちと身近な人間関係で結ばれていた親方が差配していた。しかし今や生産過程はその親方ではなく、経営側の上級職長や下級技術者によって支配されつつあった。それへの反発なのである。このような労資対抗の激化は、直接的労務管理に転換しつつあったものの、しかしまだ新たに労働者の統括機構を創りだしえていないことを示していた。

「体制」動揺と「第二次離陸」の時期

第一次大戦がもたらしたインパクトによって、再び労資関係の深刻な動揺がもたらされた。一九一七年以後、ストライキが急増し、労働争議の新たな段階が始まった。一九一二年に設立された友愛会は、個人加盟の横断的労働組合として成長し、一九二〇年には団体交渉権の獲得の要求を掲げ、組織形態も産業別労働組合への指向を明らかにした。

第一次大戦後の労働運動の高揚は、日本における労働者が組織労働者として自立する「第二次離陸」の試みとして位置づけられる。日本の労働者は職業別組合の確立、すなわち「第一次離陸」に成功しなかった。だから労働条件の向上は個別経営者との企業内での交渉による他なく、争議も企業単位にならざるを得なかった。これらのことは「労働組合に強い企業内的性格を与えがちであった」。しかし一方では、一九一七年以降の労働争議の高揚と労働組合の結成のなかで、「先進的な労働者の間には、職業や経営の枠をこえて、労働者階級としての連帯感が生まれていた」(二村、一九七五)。

職業別組合の遺産を継承することができない危うい「離陸」のようではあっても、客観的には、この時期日本の労働者が産業別労働組合を確立し、横断的な階級として自己を形成しうるかどうかという一大画期であったことに間違いない。

川崎・三菱造船所の争議の敗北

一九一七年からストライキの波が再び高まり、二一年に労資対抗の結節点を迎えた。とくに関西地方を中心にして起きた一連のストライキは横断組合による団体交渉権の獲得を要求する点では画期的な質をもった運動だった。

天王山として闘われたのが、神戸における川崎造船所・三菱造船所の争議である。一九二一年七月、川崎造船所の労働者八二〇〇人が構内デモをおこない、組合加入の自由や工場委員会の設置、日当の引き上げ等の要求を提出した。会社側は中心人物を解雇し、臨時休業で対応した。また六月に、三菱造船所の労働者も横断組合の存在の承認、団体交渉権の確認、日給増加などを要求したが、指導者は解雇され、作業も停止になった。

川崎争議団と三菱争議団との相互の交流もなされ、争議団は合併し、統一した闘いが組まれた。七月一〇日には約三万五〇〇〇人による整然としたデモ行進もおこなわれた。しかし、兵庫県知事は軍隊の出動を要請し、一四日、軍隊による争議団の検挙が始まった。会社側も工場を閉鎖した。二九日には抜刀した警察官の一隊がデモ隊を襲撃し、一人が死亡した。会社は就業を開始するとともに多くの活動家を解雇した。こうして企業の枠を越え戦前最大の規模で闘われたこの争議は労働者側の敗北に終わった。

戦前の労働運動はこの大企業での争議の敗北を頂点にして、その後は労働運動側の分裂、そして政府の治安維持法などによる弾圧、これらによって「第二次離陸」はなしえなかった。

3 戦前第三期――日本的労使関係の戦前期形成

欧米では、直接的労務管理への移行にともない労働者の全階層的な「離陸」に成功した。この直接的労務管理と労働運動の高揚に対する経営側の日本的対応こそが、日本的労使関係の形成にかかわるのである。一九二〇年代の工場委員会制度、企業内技能養成制度、年功賃金が、労働者の企業内の分断・統合の装置になった。

工場委員会による労働者の包摂

間接的労務管理から直接的労務管理への移行は欧米とも共通した歴史的な過程であるが、そのなかでとくにアメリカとの対比は、日本の特殊性をつかむうえで興味深い。横断的労働組合の排撃と企業内統合とを一体に進める経営戦略は共通していた。

一九二〇年代、アメリカの経営者はアンチ・ユニオニズムの強硬な姿勢でのぞみ、労働組合を力でねじ伏せた。この企業の中への労働組合の侵入は許さないとの政策をとりつつ、同時に労働組合機能を吸収し、無用化する政策がとられた。

これと同じく、日本でも、一九二一年の川崎・三菱造船所争議の敗北に象徴されるように経営側のアンチ・ユニオニズムの対応は功を奏した。また企業内従業員組織による企業内統合という点でも同じだ。

しかしアメリカは会社組合、日本は工場委員会という形態をとった点は異なる。工場委員会は労働組合ではなく、労使の意思疎通機関であり、あくまで懇談の機関でしかなかった。経営側はこの工場委員会制度に労働組合機能を吸収させる役割をもたせた。工場委員会は共済組合や食堂などの福利厚生施設の運営を協議する場にした。

また労働者の苦情処理など「労働組合が担うべき機能を一定の限度内ではあれ工場委員会の

なかに解消しつつ労働組合を無用化」させた。こうして工場委員会は「大経営における労資関係の安定化装置として体制化していった」(兵藤、一九七一)のである。

さて、以上のことから言えることは、日本的労使関係の成立の前提として、アメリカと同じような横断的労働組合の排除と、企業内統合の装置の設置が不可欠だったことだ。だがその後が、日本的な特殊性となる。

流動的労働市場と企業内技能養成制度

アンチ・ユニオニズムで労働組合を排除し、企業内福利厚生制度や工場委員会で組合機能を無用化しても、それは労働者の企業意識や企業への定着は得られても、他の企業に移っていくことを防ぐ十分な保証にはならない。労働者の企業内の処遇が職種・職務を基準にしている限り、労働力は流動する。むしろ技能を武器に、より高い賃金の企業へと労働者は移っていくだろう。この労働市場が存在していれば、労働組合の意識的な取り組みによって労働市場はやがて規制される。それは産業別組合の確立に向かうことになるだろう。

日本的労使関係は、この流動的労働市場を企業別に分断する機能をもって形成された。ただそれは、経営側が分断を目的にして施策をおこなったわけではない。必要に迫られ企業内技能養成制度をつくり、その制度が労働市場の企業別分断の土台をつくった。このような関係になっていると思われる。

企業内技能養成制度は企業の必要に迫られて登場する。労働者の技能養成は、間接的労務管理のもとでは徒弟制によってなされた。欧米では職業別組合による徒弟制度にもとづいて、厳格な社会的基準で技能を養成する仕組みができていた。それが直接的労務管理への移行期にあたって、社会的な資格制度や職業訓練校、公共的な訓練制度などに代替されていく。つまり労働者の職業技能は、労働組合であれ、公的制度であれ、企業にゆだねてしまうことなく、社会的な養成システムが存在していたのである。

一方、日本は職業別組合が成立しなかったので、徒弟制による技能養成はシステムとして不十分だった。また技能の社会的標準も、技能養成が親方まかせだったので、存在しなかった。

直接的労務管理へ移行する時期に、この社会的技能養成システムの未確立が、経営側に熟練工不足を痛感させた。この背景のもとで企業内技能養成制度が登場した。この技能養成制度は、間接的労務管理の時期の経験的な個人的熟練を、直接的労務管理では企業内的な特殊熟練へと再編したとみることができる。技能の社会的標準の欠如が、企業内的熟練の形成を容易にしたのである。

この制度は一九一〇年ごろにすでに一部の企業では設立されていたが、多くの大企業で普及するのは一九二〇年代になってからだ。

企業内技能養成制度は、高等小学校の義務教育を終えた一四歳の新規学卒者を採用し、企業内養成施設で三～五年ほど技能養成をおこない、企業の基幹要員として育成し、その後も企業内で技能を修得させていく仕組みである。これまでの横断的労働市場から熟練工を雇用する方式から、養成制度を軸に新規学卒者を採用し、訓練する方式に転換したのであった。このようにして、これまでの「渡り職工」は姿を消し、その代わりに「子飼い職工」と呼ばれる企業生え抜きの養成工が大企業で中心になった。

「子飼い職工」と年功賃金の誕生

年功賃金と終身雇用制、企業別組合という三つの柱からなる日本的労使関係のうち、ここでは年功賃金に着目する。年功賃金は企業内技能養成制度のなかから姿を現した。労働組合論からみて一九二〇年代が重大な画期となるのは、この時点で技能養成制度と賃金論とが結合するからである。

養成工は企業内で育てられた恩義はあるとしても、より高い賃金を求めて企業を離れることはあり得る。企業にとっては、せっかく養成制度で技能を身につけさせた熟練工が、他の企業に移ってしまっては元も子もない。つくった養成制度は機能しない。

そのために訓練した熟練工の企業への定着策が必要とされた。定着させるためには、企業帰属意識を育成することはいうまでもないが、なにより物質的な基盤がなければならない。熟練工がより高い賃金を求めて移動するのを防ぐには、企業にいることが得になるようにすればいい。そこで、長期の勤続を奨励する賃金政策が決定的な重要性をもった。この時期に、勤続手当や退職金、賞与などの諸制度がつくられた。

わけても勤続昇給は、勤続奨励の賃金政策の中心をなした。これまでも熟練工の逃亡を防ぐために、盆暮れの一時金として手当が支払われることはあったが、この時期に成立した制度は勤続によって本給が上昇する勤続昇給だった。そうなれば、企業にいるとだんだん生活が良くなる、だから転職しないでおこうと、養成工は思うようになる。年功賃金は賃金支払いの方法というよりも、誕生の時期には企業定着策の有効な施策として登場した。このようにして勤続年数にもとづいて賃金が上昇する勤続給型年功賃金が成立したのである。

図9をみると、日給が入職時からすると勤続三

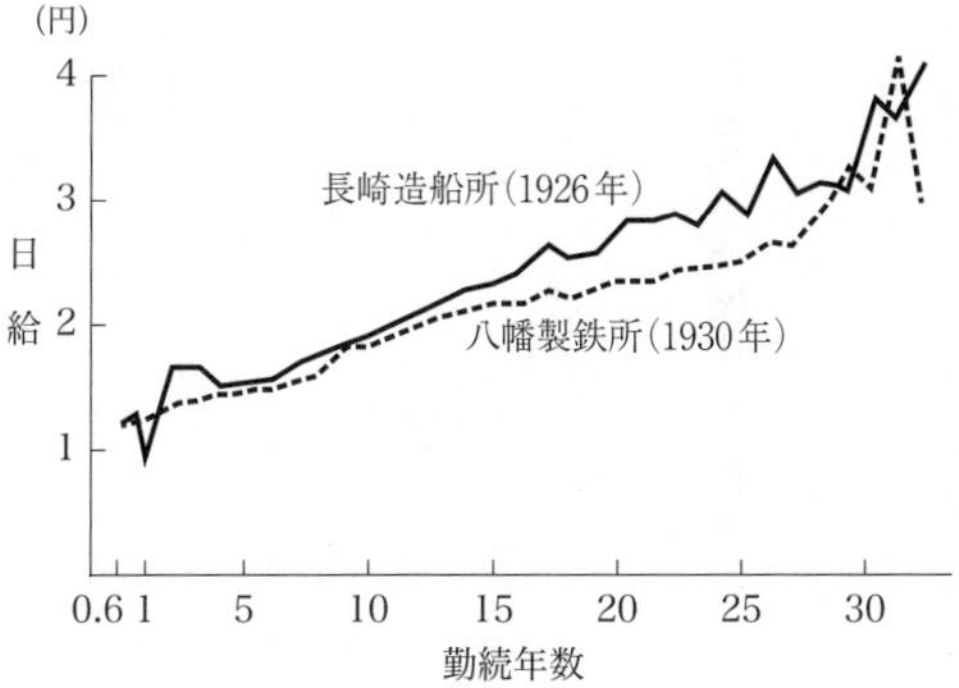

三菱長崎造船所「職工関係諸調査」第18期，八幡製鉄所『製鉄所工場労働統計』1930年版による
出所：兵藤（1971）

図9　勤続年数別日給

〇年で四倍、勤続一〇年からでも二倍に上がっているのがわかる。もちろん勤怠や忠誠心などの要素が入り、完全な自動昇給ではないにしても、「技能」にかかわりなく、賃金が上昇していることはたしかだ。

ここに企業にいれば賃金は自動的に昇給する日本独特の「従業員」という労働者類型が登場したとみてよいだろう。「明治期における、企業を超えた社会的「労働者」から企業内の会社的「従業員」への脱皮が企図される」ことになった(昭和同人会編、一九六〇)。

大企業における労働者の定着は一九二〇年代をつうじて高まり、逆に労働力移動は減少していった。

日本的労使関係と労働運動

この勤続年数によって昇給する賃金は、養成工の定着策としての勤続給型年功賃金である。だが、やがてその性格を変え、姿を転換させた。戦中期に転回した年功賃金が、年齢給型年功賃金であり、今日まで引き継がれていくことになる。これ以後、年功賃金は企業横断的に「共通規則」を設定し、産業別の「集合取引」によって労働条件を決定するというユニオニズムの創出を無力化する役割をはたしつづけるのである。

さて、あらためて一九二〇年代の日本的労使関係の形成期をふり返ってみよう。日本的労使関係を、イギリスとアメリカの労働運動との比較から注目したいからだ。

世紀転換期から一九二〇年代、三〇年代にかけては、第一次大戦とロシア革命、世界大恐慌をつうじて資本主義諸国で労資関係の枠組みが動揺し、体制選択を含めて労働運動の高揚をみた時期である。直接的労務管理への移行期であり、強大な勢力になった労働者階級が産業別労働組合のもとで「第二次離陸」に向かう時期でもあった。

イギリスでは、一八八九年のロンドン・ドックの大ストライキを契機に労働者階級は「第二次離陸」を始めた。政府と経営側は第一次大戦前後に、産業別労働協約体制と福祉国家的政策によって対応した。それは労働運動に対する一種のイギリス的な統合策でもあった。

アメリカでは一九二〇年代、「ノー・ユニオンの時代」と呼ばれたように産業別組合の企業内への侵入を撃退するアンチ・ユニオニズムの政策をとり、同時に会社組合という企業内従業員組織による企業内分断がはかられた。企業内分断と抑圧が一九二〇年代のアメリカ的対応だった。それを労働運動はニューディール政策を背景に、一九三六、七年のGMのストライキによって突破し、産業別労働組合を確立していった。

このように比較することによって、一九二〇年代の日本的労使関係形成がもつ労働運動上の意味が浮かび上がる。日本では川崎・三菱造船所のストライキを頂点とする労働運動の高揚、これに対する抑圧が一九二〇年代のアメリカのアンチ・ユニオニズムに相当する。しかし、二〇年代の日本は、企業内技能養成制度と工場委員会制度、そして年功賃金によって労働者の従業員化をはかり、企業内に労働者を統合することに成功した。すなわち日本的労使関係は労働者の「第二次離陸」期における労資の攻防のなかで、経営側が選び取った日本的な対応策だったのである。それは労働運動の高揚を「従業員化」によって阻むという企業主義的統合の、戦前における成立を意味した。

4 戦後第一期——労働運動の高揚と日本的労使関係の形成(一九四五～六〇年)

左派労働運動はみずからの政治主義によって自壊し、産業別労働組合を創りだす大きな機会をのがした。それに交代する形で、企業別組合をまとめ上げた総評(日本労働総評議会)が結成され、戦後労働運動を担うことになった。この時期、労働運動の大勢は企業別組合と年功賃金を受け入れたが、そのなかでもユニオニズムを求めるいくらかの人々の努力があった。

労働運動の自壊と企業別労働組合の定着

一九四六年、左派ナショナル・センター・産別会議(全日本産業別労働組合会議)が組合員一六三万人で結成された。同年の総同盟(日本労働組合総同盟)の組合員の八五万人を上回る規模だった。労働組合がぞくぞくと結成され、組織率は五五・八%(一九四九年)にまで達した。枯れ草に広がる火の勢い、まさしく燎原《りょうげん》の火のように労働組合は広がっていった。

戦後労働運動の最初の全国的な運動は、「産別一〇月闘争」と呼ばれる賃上げ運動だった。一九四六年、産別会議の指導のもと民間企業で賃上げ運動が高揚し、この闘争のなかで日本電気産業労働組合協議会(電産協)の要求が実現した。この賃金体系がその後の年功賃金の雛型となる電産型賃金である。

民間での一〇月闘争の高まりは官公労働運動の賃上げ要求に引き継がれ、年末から翌年にかけて高揚することになる。産別会議は一九四七年の年頭に当たってつぎのような檄《げき》を飛ばした。「確信をもってわれわれは革命の年として一九四七年の幕をひきあげる。用意はよいか、前進だ、民主主義革命の年一九四七年」と、産別会議が民主主義革命の担い手であることをみずから表明した(大河内・松尾、一九六九)。

一九四七年二月一日のゼネストが発表され、産別会議は政府樹立まで闘い抜くとの方針を決めた。賃金引き上げ要求から始まった運動は、政府樹立の運動に高められ、「民主主義革命」の方向に向けられた。だが結局、二・一ゼネストはアメリカ占領軍の命令によって中止をよぎなくされた。

しかしゼネスト中止によって労働運動が後退したわけではなかった。産別会議のなかに、これまでの本部の指導に批判的な動きが起きたのだ。この潮流が力を増し、指導部を揺るがした。まず産別会議のなかに、これまでの指導部の指導に批判的な潮流が、産別会議の本部に自己批判を求めた。産別会議もそれを受け入れ、五月一八日の執行委員会で臨時大会を開いて自己批判をすることを満場一致で決定した。

ところが、臨時大会の前日、七月九日、日本共産党は産別会議の代議員のなかの党員全員を党本部に招集し、自己批判をおこなわないことを決めてしまった。その力によって臨時大会における執行委員会の自己批判の方針は葬り去られた。

この労働組合のなかの党員グループをつうじて指導する関係は、伝動ベルト論と呼ばれていた。組合執行部の内部に「フラクション」と呼ばれる党員グループを形成し、そのグループをつうじて産別会議の指導がなされていた。

この共産党による組合の引き回しや、政治イデオロギーへの偏向などに対して加盟単産のなかで批判が噴出した。産別会議の指導部と共産党本部との対立が深まるなか、一九四八年二月、産別民主化同盟(民同)が旗揚げした。この動きに呼応して産別会議に参加していた多くの単産は雪崩を打って脱退していった。

産別会議は短期間のうちに少数派に転落してしまった。一六三万人で結成した産別会議が、その五年後の五一年には四万人に減少したことは、戦後労働運動史の特筆すべき現象である。

その間には共産党員を政府機関や民間企業から追放するレッド・パージが一九五〇年にあったが、やはりそれ以前の加盟単産の脱退のインパクトの方が大きい。

産別会議が分裂せず、違う道をとることで歴史がどのように推移していったかは判断できない。だが、マルクスが述べた労働組合が「政治団体に従属」するならば、「労働組合に致命的な打撃を与えることになる」との忠告的な予言が、悲劇的な形で実現してしまったことはたしかだろう。そこから得るべき教訓は大きい。

その後、産別会議からの離脱組合を始め多くの労働組合が、占領軍の権力を背景にして企業別労働組合主義の総評に包摂された。企業別組合はすでに戦後労働運動の初発の時期に本流になったのである。

日本的労使関係の形成と受容

戦後労働運動はその出発から企業別組合という宿痾《しゅくあ》を背負い込むことになったが、また同時に年功賃金をも受け入れてしまった。戦後すぐ、日本の年功賃金に対して国際的に異論が発せられた。一九四六年のアメリカの労働諮問団によるジョブ型賃金へ転換の勧告につづいて、四七年には世界労働組合連盟が日本視察団による「日本視察に関する予備報告」を提出した。

そこで世界労連は労働組合の賃金政策として「賃金は、年齢、身分をとわず、かれら全員に平等な基準のものでなくてはならぬ」との見解（竹前他編、一九九二）を示した。さらに労働組合らしく、「代表団は全員かような賃金のきめかたを非難した。かような方法は雇用主の意志のままに悪用され、差別待遇されやす」いからであると危惧の念を覚えた。そして視察団は「平等な基準」の「仕事の性質」にもとづく賃金を提唱した。

ところが、このような忠告に当時の組合幹部は耳を貸さなかった。「雇用主の意志のままに悪用され」るとの視察団の危惧は現実のものになり、労働運動に決定的な影響を与えた。

ところで、労働側が年功賃金を受容した一方、経営側は敗戦直後の茫然自失の状態から立ち直り、一九五〇年代、日本的労使関係を復活させた。まず経営側は日本的労使関係の中軸となる年功賃金を制度として整えた。毎年一回の定期昇給を実現する方式が確立し、この制度によって賃金は毎年、自動的に上がっていくようになった。

経営側はこの定期昇給制度に人事考課制度を結合させた。定期昇給制度によって生活の安定がもたらされるが、それはみな等しく賃金が上昇するのではない。年功賃金のなかで個人の能力や勤怠を評価する要素が強まり、経営者は、従業員の働きぶりを一人ひとり評価し、差別的に昇給させることができるようになった。これが、世界労連が年功賃金は「雇用主の意志のままに悪用され」ると危惧した仕組みそのものだった。

ユニオニズムの試みと挫折

戦後労働運動「第一期」のなかでも、志の高い労働組合と、それを壊滅させようとする経営側の苛烈な攻撃、そして闘い抜いた人々の敗北とがあった。

この時期、企業別組合が本流となったとしても、産業別統一闘争を発展させ、産業別組合へ向けて改革していく努力がもっとも求められていた。この産業別強化の意識が、当時のユニオン・リーダーには欠けていた。むしろこのことを鋭く自覚し、強硬な姿勢で対決したのは経営側だった。欧米型の産業別組合に発展する可能性を多くもっていた全国組織に対し、経営側は断固とした姿勢でのぞんだ。その焦点となったのが電産争議と日産争議である。

電産型賃金を生みだした電産は、組織的には強固な産業別全国組織だった。当時の電力産業は、戦前の国家管理を引き継ぎ、発電・送電部門を担当する全国的経営体の日本発送電と、各地の配電会社によって成り立っていた。その労働者を組織していたのが一九四七年に結成された電産だ。電産は中央本部が交渉権とスト権、妥結権の三権をもち、統一交渉・統一賃金・統一協約を実現させていた。電産型賃金は各地の会社を統一する企業横断的賃金の性格をもっていた。

経営側と政府は、早くからこの産業別全国組織の解体を戦略にすえ対策を進めた。まず企業組織の分割から始めた。一九五一年、全国的な日本発送電を地域ごとに九分割し、各地の配電会社と統合した。この「電力九分割」によって企業別組合の基盤がつくられた。全国的経営体を分割すれば、労働組合はバラバラになり、企業別組合をつくることができるからだ。

電産争議は「九分割」のつぎの年、一九五二年に起きた。組合側の賃上げ要求に対して経営側が統一交渉を強硬に拒絶した。経営側は中央労働委員会の調停を拒否、組合側は激しい電源スト・停電ストを一六波にわたって打ちつづけた。電源ストとは電源を切って、家庭を含めて電気の供給を止めてしまう争議行為だ。経営側は一歩も引かなかった。結局は、組合側は中労委が提示した「地方交渉・個別賃金」を受け入れ、要求提出から八カ月間にわたる争議は労働組合側の敗北で幕を閉じた。

そして各地で労働組合の分裂が起こり、「九分割」にもとづいて企業別労働組合が結成された。一九五六年、電産は解散をよぎなくされた。東京電力は、社史『東京電力三十年史』(一九八三年)で、六〇年に「民主的労働運動を推進する路線が確立した」と述べている。「民主的」とは「労使協調」の意味だ。その東京電力労働組合の体質は今日までつづいている。

つぎに、一九四八年に結成された全自動車(全自、全日本自動車産業労働組合)は産業別統一闘争をもっとも重視していた組合だった。日産を中心にしてトヨタといすゞとの三社共闘がつくられ、闘争のときは三社の労働者が自由に各社の職場交流会に参加していたほどだ。トヨタの労働者が日産の工場の職場交流会に出向いて行っていた。今では考えもおよばないことがなされていた。

一九五二年の三社共闘の賃上げ運動で、最後まで残った日産分会に対して、会社側は日経連と自動車経営連盟とで争議対策の態勢を組み、組織破壊の基本姿勢を貫いた。ロックアウトやバリケード、組合役員の逮捕、暴力団の利用など苛烈を極めた攻撃で、一〇〇日間におよんだ争議は終わった。この五三年の日産争議の敗北が原因となり、五四年に全自は解散し、会社ごとに企業別労働組合がつくられていった。

この全自が残したものが「全自型賃金」である。日産争議の指導者であった全自の委員長・益田哲夫は画期的な賃金体系を打ちだした。それは「電産型賃金体系」と対比して「全自型賃金体系」とも呼ぶべきものだった。益田は、「賃金決定権（査定権）を資本側に完全に握られているようではあらゆる階級的主張はナンセンスだ」と、賃金問題を労働運動の視点から理解していた。その視点からつくられたのが「賃金三原則」だ。

第一原則は「最低生活保障の原則」。これはジョブ型賃金等級のもとで、その最下位の低熟練労働者であっても家族形成可能な賃金水準でなければならない、というものだ。第二原則は「同一労働同一賃金の原則」。これは「賃金は労働の質と量に応じて正しく支払われる」賃金決定基準のことだ。第三原則は「統一の原則」だ。「産業共通の原則として、企業の枠を越えて実現さるべきもの」とする企業横断的な視点である。

ここには自分の企業の従業員の生活だけを考え、しかも年功的に処遇されれば良しとする考えはみじんもみられない。この「全自型賃金」は他の労働組合から注目されることもなく、全自の解散とともに忘れ去られていった。だがこの時代に、ヨーロッパ型賃金が提起され、歴史に残した意味は大きい。今後、日本でユニオニズムを創造するうえで、全自型賃金体系の三原則は生かされなければならない。

この原則を掲げた益田は、日本に数少ない産業別労働組合主義者のユニオン・リーダーだった。益田は日本に「産業別労働者の組織」をつくるという夢をもっていたようだ。「企業内組合を脱皮して産業別の本当の組合をつくるためには、理屈ではなしに、「こういう闘争を踏んでいかなければ単一組織はできないんだ」」との「信念が彼には」あったと、ともに闘った仲間は語っている（熊谷・嵯峨、一九八三）。産業別労働組合と職種職務型賃金を結合しなければならない。そう考えたところに、ユニオニスト・益田哲夫の秀でたところがある。

このようにして産業別組合をめざすユニオニズムの試みは終わった。ユニオニズムは、運動の舞台から姿を消す。

総評型労働運動の確立

一方、大幅賃上げの時代とともに、「年功賃金・企業別組合」システムを前提とする「総評型労働運動」という日本特有の運動形態が労働組合の世界を支配することになった。今日まで引き継がれている総評型労働運動はつぎのような特質をもつ。

総じて言えば、総評型労働運動は、企業別組合を組織の前提にして、運動面では企業内賃上げと国民的政治課題を車の両輪とする組合運動モデルである。

その企業内賃上げの春闘は、戦後第二期に大々的に広がり、労働者の生活向上に役立ったことはたしかだが、しかしそれは、企業内の従業員のためだけであることに変わりはなかった。年功賃金では「共通規則」をつくれない。企業別組合では「集合取引」を実現できない。だから賃金は上がっても、企業を超えた労働者の社会的連帯は強くはならなかった。産業別の団体交渉をめざす地道な取り組みは、いくつかの単産では努力もなされていたが、大幅賃上げの実現とともに企業内賃上げに終始するようになった。

また国民的政治闘争については一九五〇年代から六〇年安保問題まで、当時の復古型政治反動に対して有効な対抗勢力となったことはたしかだ。しかしその後も総評解散まで労働組合を国民的政治運動の「動員部隊」とみなし、労働組合にその課題を担わしつづけた。政治運動は労働者の政治意識を高めることはできたとしても、企業を超えた産業レベルの労働者の連帯は築けない。

肝心なことは、総評型労働運動にはユニオニズムにとって決定的な労働者間競争の規制の二つの方法、すなわち産業別の団体交渉の方法と制度的方法が欠落していたことだ。たしかに政策制度闘争は掲げられてはいたが、それは国民的政治課題と同列におかれていた。また政策闘争も時々の政権が出す政策への反対闘争が中心であり、超党派的に政策を一歩一歩前進させる地道な取り組みに欠けていた。時々の政権の打倒のために政策問題が掲げられたというのが本音だろう。

その総評型労働運動のなかにも、良質な部分は存在した。争議支援の地域共闘や労働者の組織化だ。しかし、これらが前面にでて、労働組合改革の方向に向かうことはついになかった。また、総評型労働運動は政治主義的な偏向を色濃くもっていた。それは「総評・社会党ブロック」と表現された。ブロックは「フラクション方式による共産党の組合支配排除から出発」したと説明されるものの、「ブロック」という新しい政治主義の方式が確立されたにすぎない。「ブロック」は、「政党・組合双方とも独立した組織」の、その「相互の機関決定」によって二つを結合させた（清水、一九九二）。ブロックは労働組合の表だった決定機関で、特定の政党の支持を決定する。そして特定の政党への支持を組合員に押しつけ、その政党運動に動員する。本来の組合運動から離れて、選挙活動や政治運動に組合員を動員するやり方は政治主義そのものだった。

戦後、革新政党と呼ばれた諸政党は、それぞれ労働組合を政党の政治戦略のもとに組み込もうとした。それは労働組合と政党との正常な関係ではなかった。一九六三年、総評運動の華やかなころ、大河内一男は労働組合のある傾向についてこう指摘した。「労働組合と労働者政党」「とが同じものの表裏の関係だと考えられたり」してきたが、「このような誤解は」「労働組合の順当な成熟のための妨げになってきた」（大河内、一九六三）と述べた。政党が多くの過度な政治課題を労働組合に負わせることで、幅広い多くの働く者から労働組合を遠ざける結果になり、それが労働組合の「順当な成熟」を妨げたことは否定できない。

一九五〇年代の民間大企業争議の敗北

戦後初期の急進的な労働運動は分裂と弾圧をともない瓦解し、それと交差する形で総評を軸に労働運動は再建された。総評は経営側に対する一定の自立性と、賃上げや解雇反対などを闘う姿勢を保持していた。そのなかで一九五〇年代、民間大企業で大きな争議が頻発した。民間大企業における争議は、戦前には二〇年代で終息したが、戦後は五〇年代で終わりを告げる。その後、今日まで民間大企業の争議をみることはない。

それではなぜ、この時期に争議が起きたのだろうか。それは企業に対して一定の自立性をもつ企業別組合が、ある労働者類型を基盤にして存在していたからだ。

当時、民間大企業に、年功的職場秩序による労働者集団があった。まだ技術革新が本格化する前、生産は年功的熟練を基礎にしてなされていた。生産工程では経験や勘やコツが必要とされる熟練が不可欠だった。その熟練度はおおよそ経験年数をへることで高くなった。職場の労働集団はこの年功的な熟練労働者を中心にして編成されていた。この職場集団は、企業に対して相対的な意味ではあるが、一定の自立性があった。だが労働組合側からみると、彼らは職場組織のユニオン・リーダーではあるものの、役付き組合員であり、職制機構の近いところにいる存在だった。

この二面性をもつ役付き組合員を軸にした危うい職場集団を基盤にして、一九五〇年代の民間大企業の争議は展開された。これらの争議の多くは、役付き組合員の暗黙の了解や支持によって始まり、争議が長期化するにつれて彼らの離反が生じ、争議は終息する。あるいは組合分裂によって第二組合が生まれ、労働者同士が血を流すような激しい争いをへて、第一組合側が少数派に追いこまれ、争議も終わる。このようなパターンをとった。

その背景にあるのは、企業内だけで闘う企業別組合の限界であり、将来の生活の安定を考える従業員意識である。先鋭化した争議では、経営側は解雇や差別的な処遇という手段で労働者を屈服させる。従業員にとっては、自分や家族の人生設計に大きくかかわることになるので、労働組合に与《くみ》するわけにはいかない。さらに、企業経営の安定こそが自分の利益につながるとする企業意識は反組合的感情をかき立て、一般の労働者が労働組合に立ち向かうことにもなった。このように日本的労使関係の形成に規定されながら、争議は困難な闘いをよぎなくされ、敗北していくのである。

この一九五〇年代争議の最後に三池争議が位置づけられる。一九六〇年の三池争議は、六〇年安保闘争の高揚とともに大きな時代を画する争議のように思われている。だがそれは、労働運動の前進を示す画期ではない。一連の五〇年代争議で労働側が敗北したことと連続的な事態であり、その最後に位置づけられる争議だった。

三池争議に介入した桜田武・日経連代表常任理事は、争議の敗北をみとどけて「戦後民間の労働運動は終わった」と語った。以後、民間大企業の大きな争議は姿を消した。この五〇年代の敗北につづく六〇年代以降、企業内の労使関係は劇的な変貌をとげるのである。

5　戦後第二期——企業主義的統合と労使協調の労働組合(一九六〇〜七五年)

戦後第二期は戦後労働運動にとって決定的な時期だった。図10の「半日以上の争議の労働損失日数」は労使対抗の鋭さと労働組合の強さを表している。二・一ゼネスト前後の高揚と、一九七五年まで上りつめた上昇、その後の谷底に落ちるような転落。戦後労働運動を語るにはこのグラフの曲線が説明されなければならない。

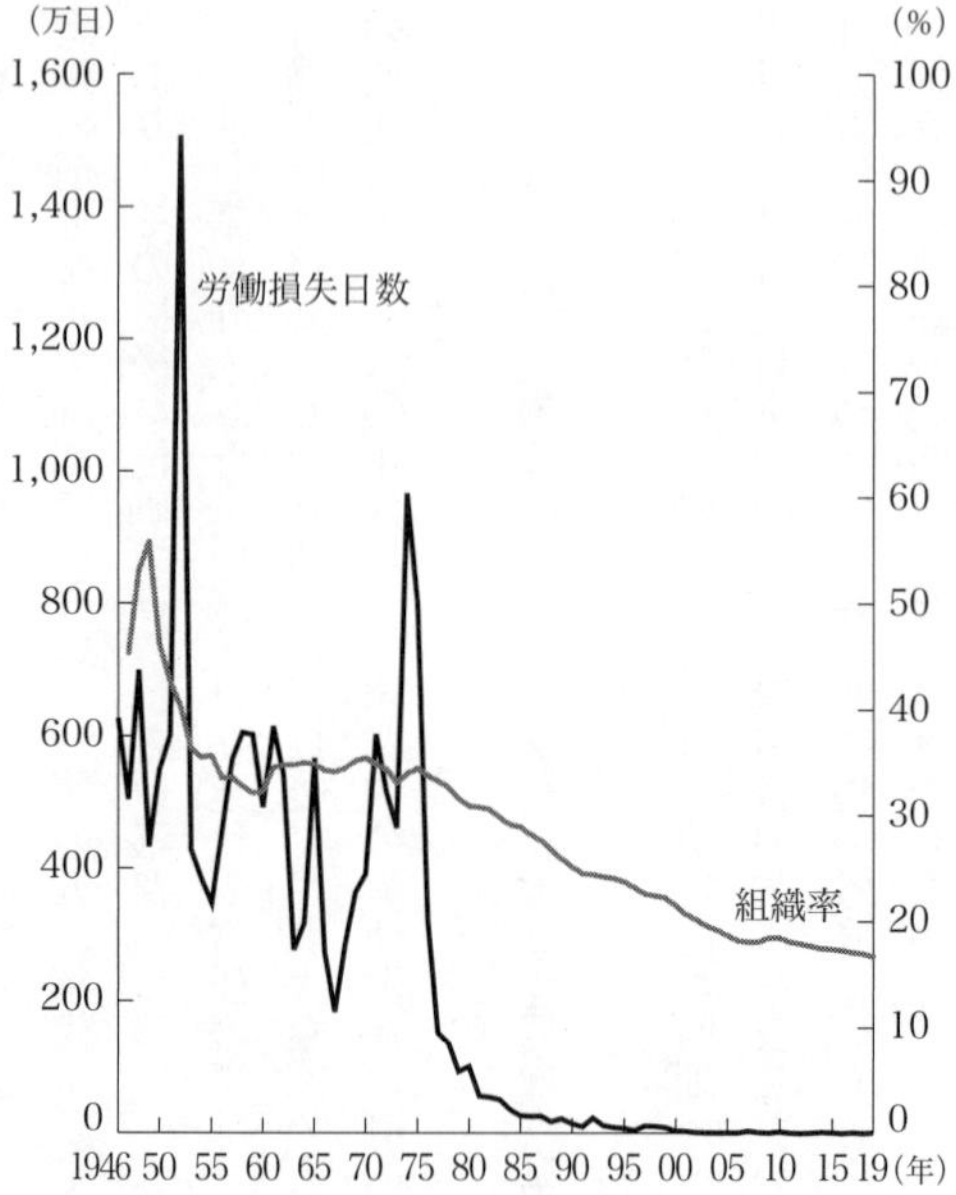

出所：厚生労働省「労働争議統計調査」より作成

図 10　半日以上の争議の労働損失日数および組織率の推移

この時期、労働運動の表層での高揚をいろどる流れと、その深層でやがて舞台を暗転させる動因となる流れとが、別々に進行していた。前者が総評を中心にして労働運動の華々しい高揚である。後者は企業の奥底における労働者の企業主義的統合であり、それを基盤にして民間大企業労組を労使協調の潮流に制圧していく流れだ。

この二つの流れが交差する時点が一九七五年である。

労働運動の跛行的な展開

労働運動の表舞台をいろどる華々しい高揚は三つの運動でもたらされた。

第一は春闘の本格的展開である。一九六四年に公共企業体での賃金が民間準拠の原則で決まることが政府との間で確認された。以降、春闘はすべての全国的組合組織が参加する賃金運動となった。

第二は官公部門の運動である。二・一ゼネスト以来、あまり注目をあびなかった官公労の労働運動が表舞台に登場した。公労協は春闘の中核組合としての役割を担った。

第三は国民的政治課題の運動である。労働組合はこの政治課題に積極的に取り組んだ。戦後「第二期」の労働運動は、国民春闘と「七〇年安保」の高揚へと向かい、日本の政治は変わるかに思わせた。

しかし、第一期の激しい労働争議の波が引き、静かにではあるが労使関係のドラスティックな地殻変動が進行していた。それが、大企業労働者の企業主義的統合と、それを基盤にした労働組合の労使協調への転成である。

企業主義的統合とは企業の労働者に対する強い「強制」と、その支配への労働者の「同意」とを結合させたシステムのことだ。「同意」をともなっているので、この統合システムはなかなか破綻《はたん》しない。労働者に服従を強いるだけなら、労働者の不満がいつかは爆発する。しかし、実際には爆発しない。年功賃金と終身雇用制によって労働者に安定した生活の基盤を提供しつつ、労働者の企業意識や忠誠心という精神的な「同意」を調達しているからだ。

この企業主義的統合と労使協調の労働組合は、半世紀にわたって日本社会に存在しつづけている。このような労働組合の特徴は、諸外国にみられない特異な現象といえる。独裁国家ならいざ知らず、国の権力によって労働組合が押さえ込まれているわけでもない。労働組合が法認され、自由と民主主義の国においてである。この統合は、権力による抑圧ではなく、市民社会における企業という社会領域でなされている。だから強固であり、みえにくいのである。

「安定／競争／差別」の賃金人事制度

企業主義的統合は、日本特有の複雑でたくみなシステムから成り立っている。ここでは統合の中心的な軸となる賃金人事制度と、その前提となる新しい労務管理制度についてみていくことにする。

一九五〇年代の職場秩序を支えていた年功的熟練は、オートメーションを中心にする技術革新の発展によって解体させられた。新しい専制的な労務管理機構は、五〇年代の職場秩序の解体のなかから姿を現した。

例えば鉄鋼産業では作業長制度を柱にしていた。企業はこれまで職制がおこなっていた工程管理の機能をスタッフにまかせ、作業長をもっぱら労務管理に専念させた。配下の労働者の勤務や成績査定の権限、賞罰をはじめとする労務管理の権限が与えられた。昇進・昇給にかかわる査定権限を作業長に与えることによって、企業は作業長をつうじて職場の労働者を直接に管理することができるようになった。

鉄鋼産業に限らず、労務管理機構をつうじて労働者一人ひとりを管理することができる、この「個別管理」の強化こそが、企業主義的統合の前提をなした。労働者の働きぶりや企業忠誠心、労働運動への協力度などにもとづいて企業は労働者を統制することができる。この新たな労務管理の土台の上に賃金人事制度がのることになる。

この実例を、二〇一一年三月に原発事故を起こした東京電力とその労働組合からみることにしよう。それは福島第一原発の事故は、企業主義的統合の一端を明るみにだしたからだ。東京電力労働組合は危険な原発推進へ暴走する企業をチェックしないどころか、経営者と一体となって進めてきた。まさに労使癒着の労働組合といえる。

朝日新聞は「カイシャ大国」という連載のなかで電産型賃金を紹介した。そこで、「生活保証給」だった電産型賃金が改編され、「新しい定期昇給制度」が導入される過程を、「会社人間の誕生」と指摘した（朝日新聞社編、一九九五）。この「会社人間の誕生」と、労使協調の労働組合の出現とは同じ過程だ。それは、この二つは賃金人事制度という同じ根っこから生まれたものだからだ。

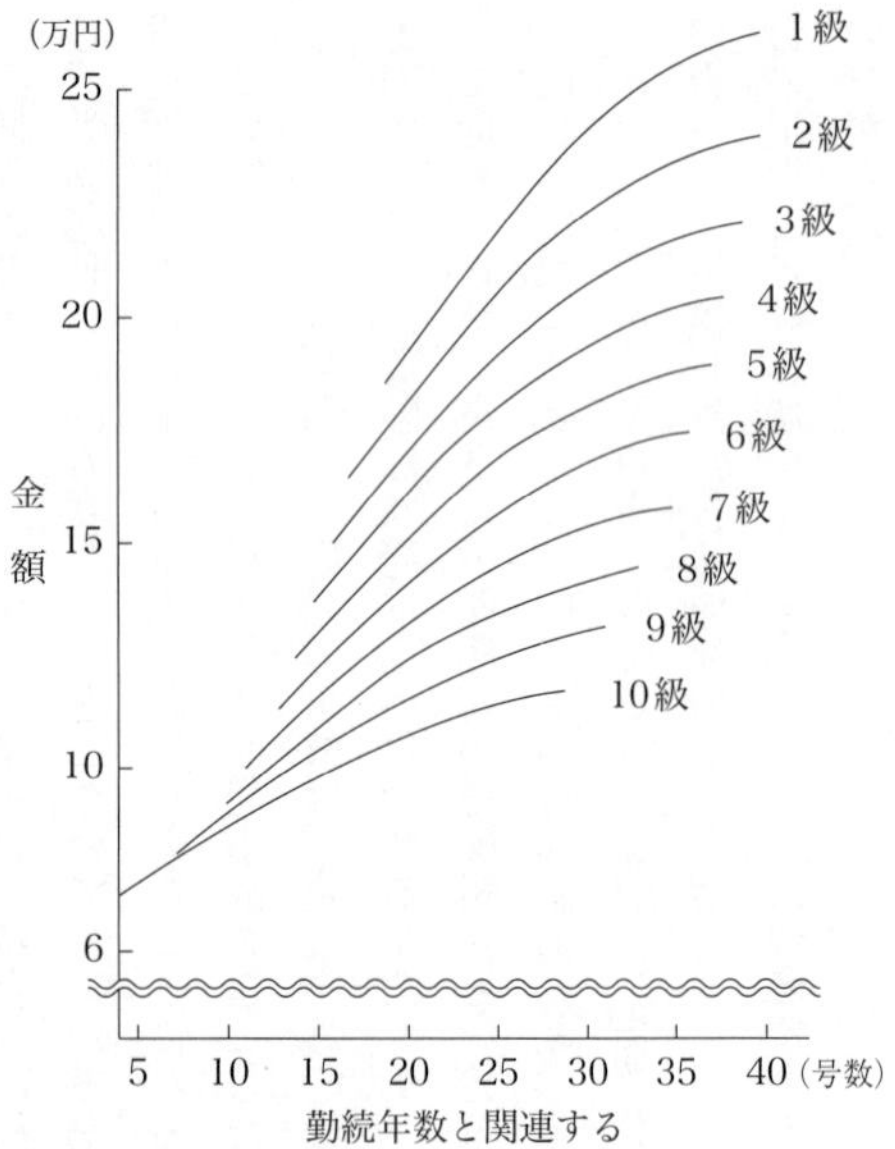

出所：山本他(1980)

図11　東京電力の賃金体系

　ところで、東京電力のなかで企業に屈服しない者たちが、彼らにくわえられた差別を訴えた裁判がある。彼らがまとめた『ドキュメント　東京電力』から人事考課制度が労働運動にはたす威力を知ることができる（山本他、一九八〇）。

　図11は「一九七九年度号数基準値表」という東京電力の給与表だ。この給与表は職能資格制度にもとづいてつくられている。この職能資格制度はこれからみるように、企業主義的統合を支える「安定／競争／差別」のシステムそのものである。

　まず「安定」からみていこう。

　グラフの上下に、一〇級から一級まで「職級」の昇給基準線がある。高校卒入社は一〇級から、大学卒は八級から出発する。その職級の曲線のラインに、左から右に二〇から三〇ほどのランクがある。それが「号俸」だ。ある職級に位置づけられた従業員は、毎年四月、職級の号俸を一つずつ上げて、右上に進むことができる。だから会社の定めた昇給の曲線を歩んでいれば、生活はよくなっていく。これが生活「安定」のシステムだ。

しかしこの「安定」のシステムは同時に「競争」のシステムでもある。「競争」システムは二つの仕組みからなっている。まず、職級は線のように描かれているが、それは幅をもった帯状の線だ。その帯は上下各五％の幅がある。その範囲で人事考課制度の査定がはたらく。この幅のなかで、査定でよい評価を得ようと競争することになる。

あと一つの「競争」は号俸のラインの進み方にある。号俸のラインを横に進んで、最後まで達して上位の職級に上がるのではない。それでは大幅な昇給はできない。実際には、いくらか進むと途中で上位の職級に上がることができるようになっている。

この上位の職級へ上げるかどうかが、会社の裁量に完全にゆだねられている。このことが決定的だ。上位の職級に行けなければ昇給は遅々として進まない。この号俸における上下幅の査定と早期の昇級を競い、他の従業員よりも早く昇進しようとして競争がなされる。このようにして企業内の労働者同士の「競争」システムができあがっている。

この「安定／競争」システムが、今度は「差別」のシステムへと展開していく。『ドキュメント 東京電力』は、下から上位の職級に上がることについて「実際には三年程度で九級に昇級、六年で八級に昇級するという具合に上がっていく」と、多くの従業員は滞留することなく昇級していくとしている。「しかし一方では入社以来三〇年も八級職に据え置かれている労働者が現実にいる」という。つまり会社に異をとなえる者は、下から三番目のラインを三〇年間、ひたすら歩むことになるということだ。

賃金制度が労働運動対策としての側面をもっていたことは、つぎの指摘からも明らかだ。「会社の人事考課が決定的意味を持ち、少しでも会社の意にそわない労働者は職級の上昇をおさえられることで、決定的ともいえる賃金上の制裁を加えることができ」る（山本他、一九八〇）。この「賃金上の制裁」を覚悟しなければ、企業に対する異議申し立てはできないことになる。企業は厳しい労務人事管理を前提にして、「安定／競争／差別」の人事制度を確立した。会社のなかで一生懸命に働けば、生活はむくわれる。自動車も買える、家も持てる、結婚して子どもも大学まで行かせられる。いい老後も保障される。しかしこの生活の安定を得るには絶対に会社に逆らわない、この一線を越えてはならないのである。

ところで欧米にも人事考課制度はある。しかしその査定の対象は、管理職や上級ホワイトカラーなどであり、組合員など一般の労働者は査定の対象外である。そもそも欧米では賃金はジョブにもとづいて支払われるので、ジョブが変わらない限り、基本的には昇給しない。昇給しないものを査定することはできない。この査定されない労働者を基盤にして欧米では労働運動が構築されている。このことからも日本的な賃金人事制度が労働運動を抑圧する最大の武器になっていることが理解されるだろう。

この人事制度を基礎にして従業員の意識の面からも、企業忠誠心や企業共同体意識が生まれた。当時、東京電力では「職場の壁には、社員から募集した「一人ひとりが経営者」という標語が張られていた」という(朝日新聞社編、一九九五)。

東電に限らず、企業共同体意識の高揚は多くの企業でなされた。会社は企業との一体感をつちかうために従業員に社是社訓をとなえさせ、社歌を歌わせた。社是のなかで好んで使われるのは「奉仕」「誠実」「協力」だった。

また従業員は死んでもあの世で一緒にがんばろうという意味なのか、「従業員の墓」=社墓さえある。このような企業忠誠心や企業共同体意識のもとで、企業を超えた労働者の連帯という意識は跡形もなく消え去ってしまった。まさしく世界に類例のない社会組織と人間集団である。そこには、過酷な労働に自主的に邁進《まいしん》する人間集団があり、労使対立のない、経営者が全権を掌握している世界がある。日本の経営者にとって手放すことのできない経営組織だろう。

深層から浮上する流れ

企業の奥底で作動していた統合システムが、労働組合運動の表舞台に浮上し、威力を発揮することになる。その結果が企業内労使関係の激変だった。戦後第一期では民間大企業の大争議をへて労使関係は変化したが、戦後第二期にもたらされたのは、労働組合の役員選挙をつうじての変化だった。だから静かな地殻変動として進んだ。

まず企業統合された従業員は、組合役員の選挙で協調的な候補を選ぶ。その役員が多数を占めることで、ユニオン・リーダーが労使協調の役員に交替する。つぎに組合役員の交替が起こった労働組合では、これまで所属していた産業別全国組織から脱退する。この脱退問題を契機に労働組合が二つに分裂する。争議による組合分裂ではなく、「平時」の組合分裂が数多く生じた。一九六〇年代からの民間大企業労組の変容は七〇年代前半でほぼ決着がつく。

このようにして、あらかたの民間大企業の企業別組合は、労使癒着の労働組合に変質してしまったとみることができる。労働組合という形式はあるが、労使の対抗関係をほぼ完全に喪失してしまっている。こうして、民間大企業では労働組合はあってもなきがごとしの状況、つまり「労働運動ゼロ地帯」が形成されたのである。このことは一般にあまり知られていないが、企業に対する自立的労働運動の一掃という現代史の暗部を知ることなしに、現代日本社会を正確に理解することはできない。

ところで、自立的な労働組合がほぼ完全に一掃されてしまったことは自然の成りゆきだったのだろうか。そうではない。ある選択によるものだった。組合役員の選挙で敗れたとはいえ自主的な潮流は一定の勢力をたもっていた。新しい執行部が組合決議でこれまでの産業別全国組織から脱退を決めても、脱退に反対して「第一組合」を守る選択もあった。だが多くはこの決議にもとづいて「第二組合」に付き従う選択をとった。これは労働運動側の企業別労働組合主義によるものである。

企業別組合が全国組織から脱退しても、個人の意思で全国的産業別組織に加入しつづければよかったのである。この選択をとらなかった場合にも全国組織のなかに産業別労働組合主義者の活動家集団を公然と形成する手段もあった。

これは今だからいえる後知恵ではない。すでに当時、産業別活動家集団論が提起されていた。しかしそのような方向はとられなかった。いつか組合のイニシアティブを握り返すことができると考えたのだろう。それは企業主義的統合の強固さへの理解の浅さからきている。総じて言うならば、民間大企業に労働運動の足場を残しつつ、中小零細企業の労働者に向けて「未組織労働者の組織化は戦略的課題」(木下、一九八五)として設定する、このような後退戦の布陣を構える構想は、当時の労働運動にはなかった。

一九七五年の暗転

一九七五年は戦後の労働組合運動の最大の転換点だった。

そのころ、財界は深刻な危機意識をつのらせていた。一九七三年の「狂乱物価」やオイル・ショックで反大企業の運動が頂点に達していた。当時の桜田武・日経連代表常任理事は、一九七三年七月に「今や自由日本は、その存亡をかけた試練に立つ」と危機感を表明した。七四年一月の年頭あいさつでは「われわれこそ国の安定帯になるのだ」と決意をあらわにした。この「職場安定帯」発言こそが、政治の危機を、市民社会における労働者統合で乗り切ることができるその自負をほのめかしたものとみるべきだろう。

これに対して労働運動側は、一九七五年、戦後労働運動の歴史を画する二つの敗北を喫した。一つは春闘の敗北である。政府と日経連は大幅賃上げに対して「賃上げ自粛」を提起した。これに民間大企業労組が主流をしめる全国組織がつぎつぎに賛同した。その結果、七五年の賃上げ率は日経連のガイドライン一五％をも下回る一三％に抑え込まれた。このようにして、民間労組の協力を不可欠の前提にして政府・財界は七五春闘を抑え込むことに成功した。

もう一つは、スト権ストの敗北である。国労や全逓、全電通などでつくっていた公労協はストライキ権の回復を要求して、一九七五年一一月二六日から一二月三日まで、八日間にわたる史上空前のスト権ストに突入した。

政府は長期のストライキに対して強硬な姿勢をつらぬき、スト権ストはなんらの成果を得ることなく終息をよぎなくされた。スト権ストは一九六〇年代から発展してきた官公労の運動の頂点に位置していた。その攻勢的に進んでいた官公労の運動が、守勢に立たされる転換点になったのがこのスト権ストである。

ところで、一九七五年の決定的な転換局面で、労働組合運動の舞台を暗転させた力は何だったのだろうか。政府や経営側による運動への抑制策によって労働組合運動が後退していったのではない。むしろ、一九七五年以前に何かがあったと考えなければならない。

つまり、一九六〇年代からの経済発展の「平時」につくりあげた企業主義的統合の仕組みを、経済的危機の「戦時」に作動させたら、瞬時に威力を発揮した。そうみるべきだろう。そうでなければ、あまりにも激しい落差、すなわち一九七四年まで上りつめた国民春闘と、七五年の敗北という断絶した状況を説明することはできない。

問題の核心は、企業主義的統合の上に立つ労使協調の民間大企業労組にあった。経済的危機のもとで財界がいくら危機意識をもったからといってもすぐに組合運動の抑圧体制ができあがるものではない。一九七五年以降の時代ではなく、七五年までのところで主体の側の危機が深層で醸成されていたのである。

当時の大槻文平・日経連会長は一九七九年の年頭挨拶でこう述べている。オイル・ショック後の経済混乱をいち早く克服できたのは、労使が協力して、減量経営や生産性向上、あるいは賃金抑制にとりくんだ結果であり、「その背景にあるものは日本的労使慣行であり、なかでも労使一体感や運命共同体的な考えにある企業別組合の存在をあげることができる。私は、この企業別組合を健全に育成していくことが最も大切だと考える」と企業別労働組合を礼賛した。

これはオイル・ショックとその後の経済危機を乗りきり、日本の労働組合運動の「七五年転換」をなしえた手の内を明かした発言とみなければならない。日本の労働運動は、経営側がこれほどまでに賞賛してやまない企業別組合を、あまりに長く無批判に受容しつづけてきた。

6 戦後第三期――労働戦線統一と総評解散(一九七五〜九〇年)

労働戦線の統一

この時期、労使協調的な組合がついに一国のナショナル・センターの主導権を獲得するまでにいたった。さらに官公部門の労働運動も後退をよぎなくされた。

労働戦線の問題は、ナショナル・センターの再編成のレベルで捉えるのではなく、個別企業の労使協調的な労働組合が結集し、全国制覇をはたしたものとしてみるべきである。戦後第一期に、民間大企業の中核的な労働組合が争議をへて協調的な組合へと変化した。戦後第二期には、あらかたの民間大企業労組が変質し、そのことをつうじて、多くの産業別全国組合も協調的潮流が多数派を占めるに至った。

そして第三期となる。一九八九年の連合（日本労働組合総連合会）の結成は、協調的なナショナル・センターが労働運動の支配的な地位に立つ象徴的な出来事だった。第一期と第二期における「企業」単位のホップと、第二期における「産業」単位のステップをへて、第三期には「全国」単位のジャンプをなしとげた。このようにして労使協調の個別の労働組合が企業を超えて相互に連携することで日本の労働運動の主導権を握っていったのである。

しかし問題は、連合に向かわない潮流が、どのような対抗軸をつくることができたかだ。当時、総評のなかには、共産党系を中心にした潮流が「総評反主流派」として形成されていた。一方で総評主流派には、連合結成を積極的に進める「推進派」と、反対ないし消極的姿勢を示す「主流左派」との対立があった。

このような構図のなかで多様な選択肢が存在した。なかでも総評の「反主流派」と「主流左派」との連携・統一がなるかが焦点だった。岩井章は「総評から抜けるやつは抜けても仕方がないという、腹をくくる」ならば「頑張る道はあった」とみていた。「やせおとろえた形になるかもしれませんが、将来を展望してみた場合に、少しやせてもその道をとるべきだったと思う」と述べていた（岩井、一九八八）。

しかし結局は、「総評型労働運動の階級的再生」を主張する総評主流左派と、総評とは別に「階級的ナショナル・センターの結成」をめざす反主流派との間の対立のみぞは深かった。そして一九八九年一一月、総評が解散し、連合が結成された。連合の結成と時を同じくして、八九年一一月、全労連（全国労働組合総連合）が結成され、一二月に全労協（全国労働組合連絡協議会）が発足した。全労協はナショナル・センターではなく、連絡協議会とされた。

連合に対抗するナショナル・センターを結成する動きは、結局は、総評の分裂や再建という方向ではなく、総評解散、全労連結成という形で決着をみた。民間大企業に牽引《けんいん》された連合が日本労働運動の主流の座についた。一方、対抗的なナショナル・センターは連合に批判的な勢力を大きく統一することができず、極めて少ない勢力で成立した。

これまで総評主流左派と反主流派の潮流とは、戦後第二期の国民的政治運動のなかでも対立を深めていた。この対立を超えて、ユニオニズムを理解し、それを基準にするならば、幅広い統一は可能だっただろう。だがやはり、戦後労働運動のこれまでのユニオニズム不在の歴史そのものが、統一を不可能にしたとみなければならない。

だから、労働戦線再編を契機に、企業別労働組合主義の連合と、産業別労働組合主義の勢力とが対抗するという理想の構図は生まれようもなかったのである。これもまた、戦後労働運動で政治的な立場の違いで労働組合が対立し合ってきたその政治主義の必然的な帰結だったのだろう。

官公部門の民営化

経営側は、労働戦線統一と足並みをそろえるかのように、官員攻撃を強めた。他方でさらに、官公部門の民営化を進めた。一九八五年から三公社五現業に対する民営化がつぎつぎになされた。三公社のうち電信電話が八五年に民営化され、専売は解散し(一九八五年、たばこ産業へ移行)、ついで国鉄が一九八七年に分割民営化された。遅れて二〇〇七年に郵政民営化がおこなわれた。

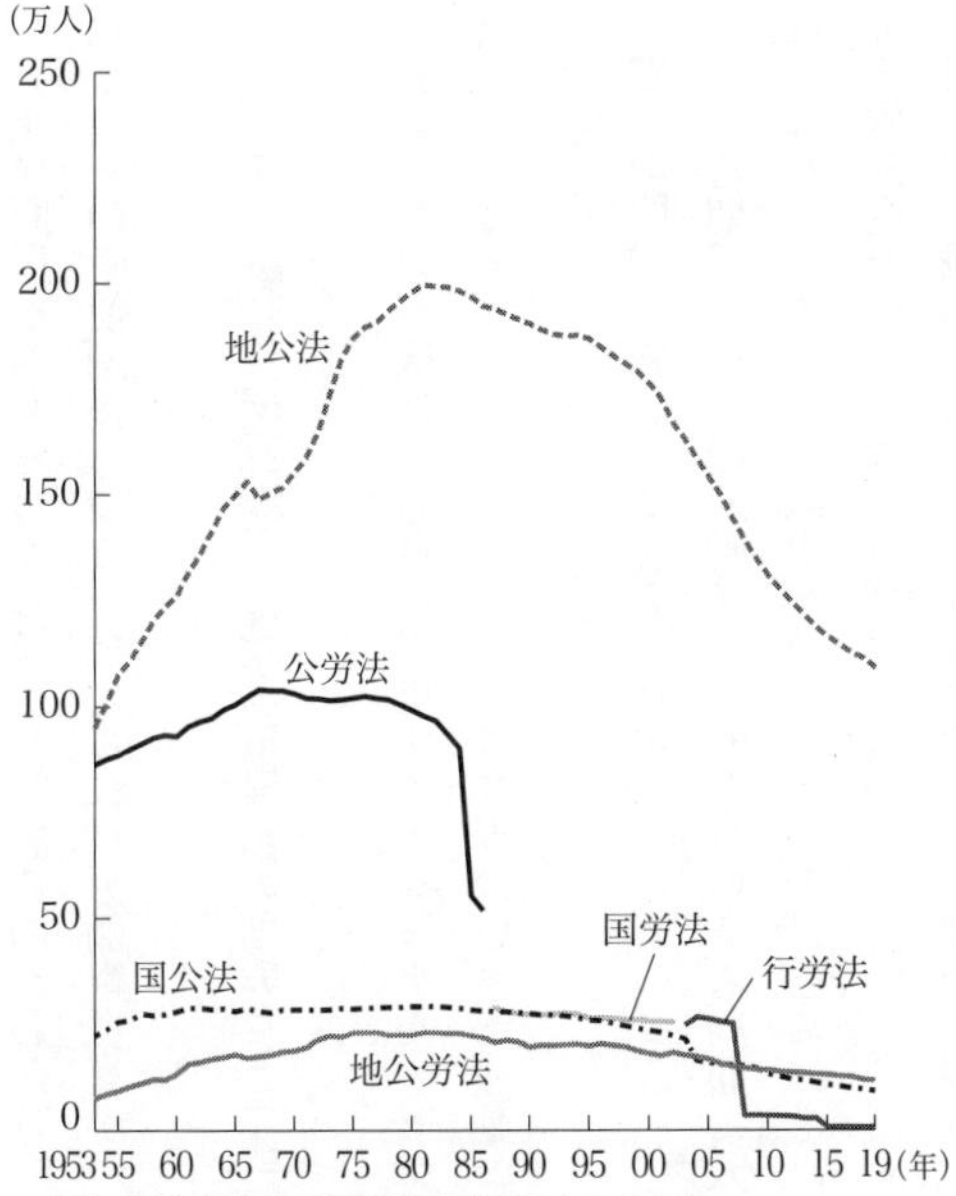

出所：厚生労働省「労働組合基礎調査」より作成

図12　適用法規別組合員数の推移

この結果、三公社五現業の組合員は、一九六七年の最大時の一〇四万人から八五年には五二万人に半減した。図12をみると、三公社五現業の組合員数は一九八五年に断崖を落ちるように減少しているのがわかる。この民営化をつうじて官公部門は民間企業なみの労使関係につくり変えられ、労働組合もかつての力量は大幅に減退した。

7 戦後第四期――戦後労働運動の危機とユニオニズムの創造(一九九〇年～)

労働運動の危機は、連合に対抗するナショナル・センターの低落傾向が明瞭に示している。だがそれにもかかわらず、ユニオニズムはいまだ運動の局面に姿を現してはいない。

官公部門の労働運動のさらなる衰退

この時期、戦後労働運動は決定的ともいえる局面に入った。民間大企業労組の実態は半世紀近くにわたって綿々と減少がつづいている。さらにそれに加えて、戦後第四期では、公共分野の労働運動を直視しなければならない。

日本の労働組合員は、民間大企業と官公部門に偏り、中小零細企業の労働者の多くは未組織労働者だ。つまり戦後労働運動は民間大企業と官公部門との二つの翼で成り立っていたといえる。第四期には、この二つの翼がもぎ取られかねない事態に直面していた。

官公部門の労働組合は図12で明らかなように、二つの段階をへて大きく後退している。官公部門は三公社五現業と公務員の二つで構成されていた。最初の段階は「第三期」で検討した三公社五現業の解体だった。つぎの段階が現在進行している公務員組合員の急激な減少である。

これは主に、地方自治体の行政改革にもとづく事業の民間委託や現業部門の公務員の削減、そして臨時職員の採用など行政のスリム化によってなされた。地方自治体で働く公務員・教員の組合員数のピークは一九八一年の二〇〇万人だった。その後は減少に転じ、二〇〇〇年以降、カーブは真っ逆さまの下落である。二〇一九年には約一〇九万人にまで低下した。ピーク時から半減している。

このような三公社五現業の衰退と地方公務員組合員の半減という官公部門の後退は、労働運動全体に大きなインパクトを与えた。これらの労働組合は、その事業体からわかるように全国津々浦々、町から村すべての地域に存在していた。役場(自治労)、学校(日教組)、駅(国労)、郵便局(全逓)、電報電話局(全電通)などが主だったところだろう。民間大企業労組に比べればはるかに健全な労働組合だった。官公部門の労働運動の後退は、地域労働運動の担い手の退場を意味した。住民にとって身近な存在だった労働組合は姿を消しつつある。地域でも「労働運動ゼロ地帯」が広がっているといえるだろう。

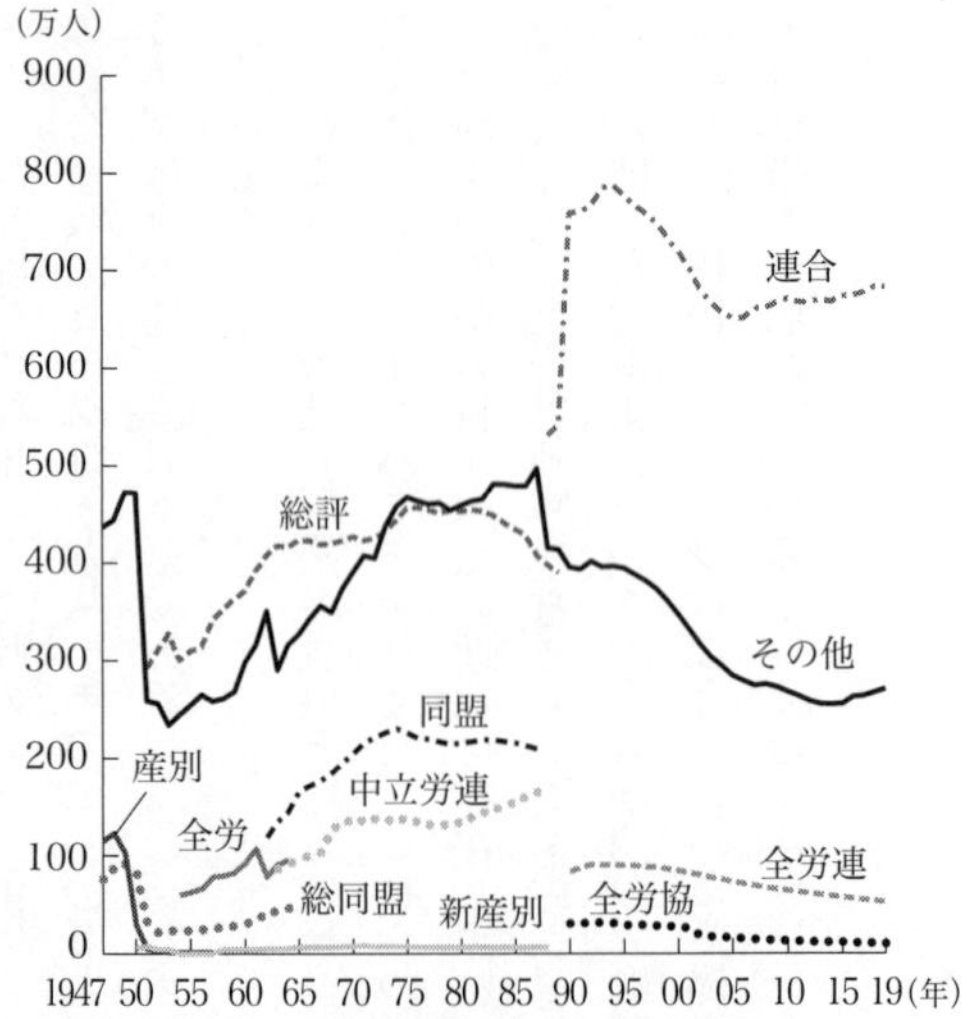

出所：厚生労働省「労働組合基礎調査」より作成

図 13　加盟団体別組合員数の推移

ナショナル・センターの後退

図13から戦後の労働組合全国組織の推移がわかる。それぞれの時期ごとに発展、衰退、解散、統合を繰り返している。注目しなければならないのは、図の左下の産別会議と、図の中央上の総評、そして、右下の全労連と全労協である。これらの全国組織は、その時代にあってはそれぞれ問題も含んでいたが、労使協調の度合が低く、経営側に対して自立していた。政府にも要求を提示し、闘う姿勢をとっていた。また現在も、そのような自立的潮流をつくっている。

労働戦線再編によってできた連合、全労連、全労協の鼎立《ていりつ》状態は今もつづいているが、この三つともがピーク時からみると組合員を減少させている。しかし目を向けるべきは、二〇〇〇年代以降、全労連と全労協の組合員の一貫した減少傾向がつづいていることだ。この減少は両組織が主として公務部門の組合員に依拠していることからきている。その割合は連合が一五%であるのに対して、全労連は四二%、全労協は四四%となっている(二〇一九年)。二つの全国組織の減少は公務員組合員の影響をもろに受けているからだ。

この事実をみるならば、戦後労働運動の自立的な潮流は今や衰退の道を歩んでいるといえるだろう。それは極論といえない。図13の全労連と全労協の組合員数の下降曲線は、徐々に横軸の「ゼロ」に向かっている。「ゼロ」への行進が一〇年後にどのようになっているのか、予断は許されない状況にある。

日本における労働運動の解体はくい止めなければならない。そのための大きな前提は、戦後労働運動の負の歴史と完全に決別することだ。労働運動の衰退の淵《ふち》に立って、そして過去の歴史と断絶した地点から、新たなユニオニズムの創造を展望することである。

第八章　分析編3

日本でユニオニズムを創れるのか

1　時代の転換と働く者の悲惨――雇用不安、貧困、過酷な労働

時代の転換と日本的雇用慣行の終息

一九九二年、バブル経済の崩壊とともに、これまでみたこともない現象が労働社会に現出した。この悲惨な現象は貧困と過酷な労働、雇用不安の三つで表現される。

まず若者の雇用不安が始まった。就職氷河期、高卒無業者、新卒パート、新卒派遣という言葉が生まれた。フリーターやニート、パラサイト・シングルなどの用語は、たぶんに若者バッシングのニュアンスを含んではいたが、若者の雇用が悪化する実態を表していた。

それに続いて、一九九〇年代末から二〇〇〇年代初頭、歴史を画する大変化が生じた。戦後うなぎ登りに上昇した雇用者数の伸びは一九九八年に止まり、以後停滞している。さらに九八年、男性正社員の数は下落に転じ、逆に非正社員比率は二〇〇〇年代から急上昇するようになった。反転現象が生じたのは一九九八年だ。ここを起点に労働市場は構造的に転換した。

一方、この労働市場の変化にともなって異常な働かせ方が横行するようになった。過労うつ、

過労死・過労自死が広まり、パワハラ、セクハラ、人格攻撃が平気でなされている。これらは、働く者を酷使して壊れるまで使いつくす、いらなくなったら使い捨てるような働かせ方が広まったことによる。

この悲惨な現実の原因は何なのか。それこそが、「第七章　歴史編５」でふれた、日本的労使関係の崩壊である。正確には縮減・変容だが、大枠において終焉したと言えるだろう。

日本的労使関係は、年功賃金・終身雇用制・企業別組合の三本を柱としている。このうちの年功賃金・終身雇用制という処遇システムは、日本的雇用慣行と呼ばれ、経営側が守るべきルールとされてきた。現状は、経営側が日本的雇用慣行を廃棄したことから生じている。

ここで、慣行のもつ意味に注意が必要だ。この賃金・雇用の処遇システムは、しょせん慣行にすぎない。慣行とは法律で定められたものでもないし、労働協約での約束事でもない。慣行はおこなう側の意思が条件になっている。その意思がある限り慣行はつづく。ところが、労働市場の転換にみまわれ、経営者は慣行をつづける意思をなくしてしまった。日本的雇用慣行という黙契を破棄したのだ。

黙契は一方の意思がなくなると終了する。労使の激突が起きることもなく、何事もなかったかのように大変動は生じた。この悲惨な状況を克服できないのは、以下に検討するようにユニオニズムの不在によるものである。

「雇用不安」とユニオニズム

日本の雇用保障は、国家でもなく、労働組合でもなく、ひたすら企業によって支えられてきた。それが長く日本に根づいていた日本的雇用慣行だ。定期一括採用方式のもとで男性は正社員として新規学卒採用され、その後は内部昇進制の出世の階段をのぼり、やがて定年にいたる。終身雇用制のもとで従業員は定年まで働きつづけることを期待することができ、企業もよほどのことがない限り解雇せず、雇用しつづける。企業にいることで長期雇用が期待できる、この慣行によって日本の雇用保障はなされてきたのである。

ところが二〇〇〇年代に入ると経営側は、終身雇用制の規範を捨てた。新規採用を抑え、また雇用している従業員も解雇してもかまわないと考えるようになった。希望退職という名目で従業員の大リストラがなされた。他方では、いつでも人員削減できるように、経営者は、雇用期間を定めた非正社員を大々的に活用した。

このような転換のもとで、今や労働市場には、正社員として就職できない新卒の若者や、過酷な労働を逃れて会社をやめた離職者、リストラされた正社員、子どもを産んですぐに職に就きたい女性、失業手当が切れた失業者など、職を求める者たちであふれている。

それではこの労働市場をどのようにみるべきなのだろうか。まさしく、「進行しつつある横断的労働市場は、国家による規制もなく、またユニオンによる規制もない、一九世紀型の野蛮な労働市場」である(木下、一九九七)。なぜ「一九世紀型」なのか。それは終身雇用制による雇用保障から企業は手を引いたそのあり様は、「第二章 歴史編2」でみてきたことと似ているからだ。絶対主義の時代には国家が労働者を統制し保護していたが、資本主義の確立とともに国家は手を引いた。国家と企業が違うだけで形は似ている。国家が手を引いて、そこに現れたのが、自由放任で弱肉強食の労働市場だ。

そうであるならば、「一九世紀型」と同じように、労働組合が労働市場を規制しなければならないことになる。終身雇用制を法律で企業に義務づけることができない以上、もはや企業まかせの雇用の安定は見込めない。企業以外の主体が労働市場を規制し、雇用保障をめざさなければならない。それが労働組合と国家だ。

歴史をふり返ればこうなる。ヨーロッパでは「クラフト・ユニオンはみずからの手によって職業紹介の活動を行ない、またその後の産業別労働組合・一般労働組合の時代には、国家の制度による職業紹介・職業訓練・失業補償による横断的労働市場の規制を求め、確立させてきた」(前掲書)。

日本的雇用慣行のもと、一つの企業で雇用されつづけることではなく、労働組合の規制と国家の政策によって転職しても不利にならない整備された労働市場をつくりだすことが求められる。ところが、日本の企業別組合は、終身雇用によって雇用保障がなされてきたので、企業を超えた労働市場の規制には関心はない。ユニオニズムの不在こそが流動的労働市場を放置しつづけているのである。

貧困を生みだす年功賃金の特性

日本的雇用慣行のもとでは、新規採用者は就職すると初任給の単身者賃金から出発し、毎年賃金が上がり、やがて男性従業員は世帯主賃金へと上昇する。従業員は毎年上がることが期待できるし、経営者もそれに応えようとする。そのことが慣行によって暗黙裏に了解されていた。この日本的雇用慣行は、企業規模や男女で恩恵の程度は異なるが、働く者の労働と生活を支えてきた社会システムだった。また非正規雇用も、戦後第三期までは中高年の主婦パートと学生アルバイトが主だった。

しかしながら、二〇〇〇年代以降の流動的労働市場の拡大とともに賃金は下落し、非正規雇用が大規模に拡大してきた。これが働く者の貧困を引き起こしている。それはなぜなのだろうか。賃金と貧困の関係については、あまり問題にもされてこなかったが、じつは年功賃金に貧困の原因がある。これまで経済成長とともに賃上げを実現し、豊かな生活をつくってきた日本の賃金が貧困の原因とは、とても信じがたいだろう。

それを解くために、あらためて年功賃金の特性を吟味しておかなければならない。この特性こそが働く者の貧困と年功賃金との関連を解き明かす手がかりになる。

年功賃金には三つの特性がある。①賃金の決定基準は企業を超えた職種・職務基準ではなく、企業ごとの属人的要素にもとづいている。②賃金の上がり方は年齢や勤続の要素が重視されるので、年齢別の賃金上昇カーブを描く。③賃金水準は上がり方に対応して、単身者賃金(初任給)から世帯主賃金へと上昇する。

これから、この三つの特性が、働く者の貧困にどのようにかかわっているのかを検討していく。そのかかわりは、春闘の終焉による賃金下落と、非正規労働者の低賃金、最低賃金制の低水準、この三つである。

春闘の終焉による賃金下落

そもそも春闘は日本独特の賃金運動としてあみだされたものだ。日本では賃金は、企業のなかで、そして企業ごとにバラバラに決まる。すでにみた「企業内在的」労働条件決定方式だ。だから、ある企業で賃上げを実現したとすると、その企業は労働コストが増え、企業間競争にとって不利になる。経営者は猛烈に反対する。そこで、せめて賃金原資(ベース)を何%上げるかぐらいは、各企業別組合が足並みをそろえることにしよう。これが年功賃金を土台にした企業別組合の春闘だった。

春闘は一九五五年に始まり、労働運動の「一九七五年の暗転」までは、賃金は毎年大幅に上がっていった。その後の低成長期にもほどほどの賃上げがなされていた。それが二〇〇〇年代以降、ベアゼロ・定期昇給抑制の事態をまねいている。

それはなぜか。春闘はそれを支える二つの前提を必須としたが、これらがなくなったからだ。前提条件の一つは、企業別組合が連帯するだけの一定の戦闘力である。これはすでに確認したように、労働運動の「一九七五年の暗転」以降、力は減退してしまった。

だが、以前ほどではないにせよ、賃上げはつづいていた。それはもう一つの前提があったからだ。労働力不足の傾向である。経済発展のもと、労働力不足がつねに労働市場の基調となっていた。

この労働力不足のもとで、年功賃金には一つだけ、企業横断的な基準が存在していた。それが学卒者を採用するさいの初任給である。労働力不足のもとで良い人材を確保するには、見劣りする賃金であってはならない。同業他社に負けないよう初任給を上げる。初任給の賃金を上げれば、社員の賃金も上げなければならない。企業業績も上がっていたし、単身者賃金から出発する年功賃金のもとでは従業員の企業への定着を考えれば、上げないわけにはいかない。こうして労働力不足─初任給の上昇─従業員の賃上げという関係が成立していた。一九九〇年代末までは各社はこぞって賃金を上げていたし、春闘もつづいていた。年功賃金を前提とした春闘は労働力不足の労働市場のもとで成り立っていたのである。

これが本章冒頭でみたように一九九八年以降、転換した。なんとか就職しようとする新規学卒者に初任給を上げる必要はない。現に大卒初任給の伸びは一九九〇年代後半から抑えられるようになった。初任給の上昇が抑えられたので、従業員の定着を考慮して引き上げることはあったとしても、年功的に毎年上げる必要はなくなった。こうして年功賃金にもとづく春闘は終わりを迎えたのである。

この春闘の終焉は、年功賃金の特性①の決定基準によるものだ。年功賃金は、属人的な要素を組み合わせてつくる企業内賃金だから、企業を超えた賃金決定の基準になりえない。つまり年功賃金は「共通規則」になれない。企業別組合は企業横断的な「集合取引」をおこなえない。ユニオニズムの不在こそが日本の賃金下落を引き起こしているのである。

非正規・正規雇用の「同一賃金」を実現できない「旧来型労働組合」

非正規雇用の拡大は貧困化の大きな原因であるが、これに年功賃金は深くかかわっている。二〇〇〇年代から、非正規雇用は飛躍的に増大した。非正規は人件費が正社員に比べると極端に安いからだ。ところが、あたかも政府の労働政策に原因があるかのような論調がみられる。

労働者派遣法(一九八五年制定)など政策がかかわっているのは確かだが、基本的には人件費が安いからで、経営者の雇用政策によるものである。

この極端な低賃金の原因にこそ目を向けるべきだろう。しかもこの低賃金構造は戦後の労働運動にもその責任の一端がある。というのは、労働運動が長年にわたって墨守してきた年功賃金は、同一労働同一賃金の原則を実現し得ないからだ。それは年功賃金の特性①、賃金決定の属人基準から生じている。

同一労働同一賃金の原則の源流は、「第二章 歴史編2」で確認したように、エンゲルスが述べた「同じ職業」=「同じ賃金」だった。今日では、「同一賃金」=「同一賃金率」となっている。このように同一労働同一賃金は、職種・職務を基準にして同一性を測る原則なのである。

この原則が成り立つ世界では、正社員は賃金率×フルタイム、パート社員は賃金率×パート時間となる。だから賃金総額は違うが、極端な低賃金とはならない。日本では正社員に賃金が上昇する年功賃金、非正社員には雇用形態による差別賃金が支払われる。賃金額は最低賃金制の賃金水準に近い低賃金だ。

だから、日本ではコスト削減のために大々的に非正社員を活用することができる。日本では当たり前のことのようだが、同一労働同一賃金原則の世界ではそれはできない。短期雇用で雇える雇用調整型の活用となる。

もちろん基本給での完全な同一賃金はできないとしても、とりあえずは一時金や手当、福利厚生制度などの平等処遇などを求めるべきだろう。また雇用契約の打ち切りに反対し、さらに無期雇用を要求することは切実だ。この非正社員の処遇改善を求めつつ、非正規労働者の問題の根本的な解決はユニオニズムを創造する以外にはないことも明らかにしなければならない。

単身者賃金の「最低賃金準拠型」労働者

非正社員の賃金は、正社員との連結が断ち切られているので、とめどもなく下がっていく。しかし歯止めがある。それは、国が規制する最低賃金制だ。だがここに、年功賃金と最低賃金制との関連という大きな問題が奥底にひそんでいる。年功賃金の特性②の賃金の上がり方とそれに対応する③の賃金水準、この二つが最低賃金制に深く影響を与えているのである。

「第六章　分析編2」で強調したように、市民社会のもとでは、労働条件の基準を決めるにあたって労使自治の領域が決定的だ。労使自治で決定した水準は国の制度の水準に先行する。逆に国家の労働規制の水準は、労使交渉による水準を後追いする。

この先行・後追いの関係は、最低賃金制についても完全に成り立つ。最低賃金制は一定の賃金以下で労働者を雇用することを国家が禁止する制度である。そして国の最低賃金額は民間の低賃金の社会的相場を大きく抜け出ることはできない。

そこで問題になるのは、民間の低賃金相場はどの水準にあるのかだ。それこそが年功賃金の上昇の出発点、初任給の水準である。この民間の低賃金相場を乗りこえて国家が最低賃金額を決定することは難しい。だから最低賃金額は初任給の水準以下で決まる。最低賃金額は初任給水準に頭を押さえられていることになる。

非正規雇用の労働者の生活が成り立たなくなっている根源はこのメカニズムにこそある。これまでは新規学卒者は、初任給の賃金水準を毎年の定期昇給によってクリアしてきた。だから正社員にとって最低賃金制は縁遠いものであり、労働運動も大きな関心を示さなかった。

しかし労働市場の構造的な変化のもとで、多くの働く者の賃金が、最低賃金制の水準に吸い寄せられるように接近している。今や労働者の四割近くが非正社員である。普通の正社員でも低賃金で長時間働かされていれば、時給換算にすると最低賃金額を割る場合が少なくない。経営者は正規にせよ非正規にせよ、支払う賃金が最低賃金額を下回らなければ法律には違反しないので、賃金を下げてくるだろう。

日本の働く者の明らかに半数以上が、若者であれ、成人であれ、男性・女性を問わず、最低賃金に準拠する賃金支払いしか受けていないことになる。彼ら「最低賃金準拠型」労働者は、単身者賃金の生活を強いられる。その高卒初任給以下の生活とは、親から独立したゆとりある一人暮らしとはほど遠い。貧しい住居と切り詰めた衣食がよぎなくされる。貯蓄はできない。家族形成の道は断たれる。いくら働いても未来は開けない。

若者のみならず、中高年フリーターと呼ばれる年齢層の者も、子どもをかかえて非正規で働くシングルマザーも、一人暮らしの高齢者も、生活のゆとりもない単身者賃金で生きていかなければならない。若者の多くは家族をあきらめ、未来を閉ざすことでかろうじて生きているようにみえる。このような「最低賃金準拠型」労働者の増大こそが現代日本の悲惨な現実を生みだしている。そして社会の崩壊をもたらしている根源とみるべきだろう。

ヨーロッパでは、低賃金の社会的相場は、低熟練労働者の職種別賃金だ。この賃金水準と最低賃金額が関連している。低熟練の職種別賃金の水準は家族形成可能な「一人前賃金」である。それに結びついている最低賃金額も、低賃金の社会相場よりも低い額ではあるが、「一人前賃金」になる。日本でも、ユニオニズムの創造による職種別賃金の普及が低賃金の相場を引き上げ、「年功賃金型」最低賃金制を克服していくことになるだろう。

このように、賃金下落と非正規雇用の拡大、最低賃金制の低賃金水準、この三つの事実とその原因からみて、もはや年功賃金は流動的労働市場の現実を前に何の役にも立っていないことがさらけ出されたといえる。それどころか、これまで企業内の賃上げに貢献していた年功賃金は、今や生活困窮メカニズムに転化したとみなければならない。

「過酷な労働」とユニオニズム

さて、それでは過酷な労働とユニオニズムとの関係はどうだろうか。欧米のジョブ型の世界では、会社と労働者とを結ぶ雇用契約は職種・職務というジョブの内容と、仕事の範囲、責任などが明記されている。その限定されたジョブを基礎にした賃金や労働時間を含めての契約だ。また労働組合と経営側とのあいだで、職務内容と賃金、労働時間が一つのカプセルのように労働協約で定められている。

だから労働者は、定められた範囲で仕事をし、定められた労働時間で仕事をし、賃金も毎年上昇することはないとしても定められたジョブ型賃金が支払われる。このようなものだ。企業の方も、労働力商品を購入したので指揮命令権はあるが、労働者に対する命令は雇用契約にもとづく範囲に関してだけで、人の人格にまで及ばない。

日本の場合には、入社は「就職」ではなく「就社」といわれているように、雇用契約はジョブ型ではない。就くべき職務は特定されず、仕事の範囲も定められていない。与えられた課業はどのようなものであれ、ともかくこなさなければならない。その課業のハードルは高く、とめどもなく仕事をさせられる。

そして、その見返りが妻子を養うことができる生活給と定年までの長期雇用だ。従業員の人生にとってその恩恵はかけがえのないものだ。ところが忘れてはならないのは日本的雇用慣行の賃金と雇用の恩恵は、企業に居つづけることによってのみ受けることができることだ。それは特定の企業で新規採用され、昇進・出世した者だけの特典だからである。

そうすると、そこには、退路を断たれた従業員たちの、会社から「逃げられない世界」がつくられていることになる。「ノーと言えない労働組合」のもとでは会社に楯突く者もいない。その世界は経営者に、なにをしてもかまわないと思わせるぐらい危険なところだ。このようにして経営者は、長時間労働を課すことができる絶大な指揮命令権と、単身赴任や人員削減などでの専断的人事権をもつことができる。

ところで、年功賃金と終身雇用の恩恵が薄らいでいるにもかかわらず、なぜ「逃げられない世界」は崩れないのか。むしろ「ブラック企業」のように過酷な労働は厳しさを増している。それは流動的な労働市場のなかでリストラ、解雇、失業による転落の恐怖が広がっているからだ。従業員は転落しないためには会社を辞めるわけにはいかない。正社員になりたい者は他にもたくさんいるとの労働市場圧力のもとで、過酷な労働を強いられているのである。

このような「逃げられない世界」は、過酷な加害システムとして働く者を傷つけつづける。過労死・過労自死を生む。死に至らなくとも、傷ついた者は心に深い障害を受ける。家庭に住む場所があれば、「引きこもり」となるだろう。労働社会の加害システムは日本の荒涼たる精神世界をつくっているのである。

ユニオニズムの創造は、ジョブにもとづいた転職可能な労働市場をつくることで、この加害システムを打ちこわすことになるだろう。また、ユニオンの政策制度の要求の中心に労働時間の短縮をおき、残業と休日出勤を含めて週四八時間未満というEU（欧州連合）基準を日本にも適用することが必要とされる。

孤立し浮遊する労働者たち

これまでユニオニズムの不在がもたらした労働者の悲惨な状態を検討してきたが、さらにつけ加えなければならない現実がある。「第二章　歴史編2」でふれたように、資本主義の形成によって共同体が解体し、個々人が解き放され「社会に浮遊する」状況が生みだされた。この「一九世紀型の野蛮な労働市場」が今の日本の労働社会と似ているのである。

かつて赤提灯文化と呼ばれたように職場の上司・同僚との濃密な人間関係があった。その企業共同体における年功的職場秩序は解体した。非正規雇用で働く四割の労働者にとって安定した職場はない。正社員にとってもパワハラがまかり通るような職場に心許せる仲間はいない。しかも、家族をもたない若者が急増している。結婚したことのない未婚者の割合は、「三五～三九歳」で男性は一九九〇年の一九％から二〇一五年の三五％に増加し、女性も八％から二四％に急増している。会社や家庭といったこれまであった人と人との関係は、今の働く者の世界で薄れている。社会的結合が断たれ、孤立し浮遊する個人が増えているようにみえる。

しかし、人と人の結びつきで一つだけ確かなことがある。それは何があっても人は働かなければ生きていけないということだ。働くことはつらく苦しいことだが、しかしそのなかにいくらかの喜びや向上心もあるだろう。

その心のさまを話せるのは、同じ会社に所属する者たちだろうか。流動的労働市場のなかでよるべなく生きる者たちにとって、それは同じ仕事をしている者たちになるだろう。それは企業のなかにも外にもいる。ユニオニズムは企業横断的な職種を基準にした処遇を求める。そのユニオニズムを根底で支えているのは、幅広い同職の絆である。社会的結合関係が解体していくなかで、再び結び直す主体が必要とされている。

以上みてきたように、ユニオニズムの創造によって、ジョブにもとづく家族形成可能な賃金や企業の人格的な支配のない労働、転職可能な横断的な労働市場での雇用保障、これらを日本社会で実現することができる。また社会解体に抗して社会を再構築するのも、職種ごとの連帯に基礎を置くユニオニズムである。

だからこそ、ユニオニズムは理想論でも、遠い先の目標でもない。働く者の深まる悲惨な状況を克服する唯一の道である。このユニオニズムの社会形成力こそが、その創造を日本で求められるゆえんであり、またあえて困難な道を歩む最大の理由でもある。

2 日本における産業別労働組合の登場

労働組合は、つらい仕事、貧しい暮らしから労働者がはい上がるための武器であると述べてきたが、日本はそうなっていない。労働組合は大きな企業の労働者や公務員など比較的恵まれた労働者のところにある。だが、それとは逆の下層労働者が、しかも産業別労働組合を立ち上げる貴重な挑戦が日本にもあった。しかも今も存続しつづけている。関西における生コンクリートを運ぶ労働者たちだ。彼らが産業別組合を切り開いた道筋は、日本のユニオニズム創造が困難ではあるが、不可能ではないことを教えている。

下層労働者がつくる産業別組合

生コン産業は一九六〇年代の高度経済成長にともなう建設ラッシュとともに急拡大した。生コンは、セメントと砕石、砂利、砂、水を攪拌《かくはん》してできる。その生コンをミキサー車で攪拌しながら、建設現場に運ぶのが生コン労働者の仕事だ。

生コンの販売先が建設現場なので、生コン運輸の労働は、つねに建設現場からの仕事量や納入時間に制約されることになる。一方、一回の輸送量はミキサー車の一台分だけだ。そのうえ、攪拌しながら運ばれる生コンは九〇分以内でないと劣化するので時間も制限されている。この状況のもとで、生コン業者は利益をあげるために労働者に長時間の過酷な労働を強いた。しかも生コンの業者は新規参入が容易なために中小零細企業が多く、企業同士が激しく競争している。競争に勝つために労働者に過酷な労働を強いる。

労働者の休日は日曜を含めて年間をとおして二～五日しかない。休めるのは盆と正月ぐらいだ。深夜労働も日常化し、仮眠室での少しばかりの休息と睡眠を取りながらつづく。連続の夜勤勤務で家に帰れない。賃金も、生コンの製造コストに占める輸送費を圧縮しようとするので、抑えられる。この低賃金・長時間労働を強制するために暴力的な労務管理がまかり通る。このような厳しい労働と低賃金を押しつけられていた彼らは「粉屋」、「練り屋」とさげすまれていたのである。

高い水準の労働条件

生コン労働者は一九六五年に関西地区生コン支部を結成し、この労働組合が産業別労働組合に成長していくのである。産業別組合の運動によって早くも一九八〇年代初頭には年収は六〇〇万円台になり、年間休日については「年間休日一〇四日の増日」が一九八〇年に協約化された。この協定締結は「二六三社・二九一工場、約七〇〇〇人の労働者に適用され」、「組合の存在しない未組織の企業に対しても及ぶ」ことになった(関生支部、一九九四)。

さらに、結成から三〇年ほどがたった一九九〇年代半ばになると、「イン工場労働者で基準内賃金が四三万円、これに最低保障を入れると年収約八〇〇万円の収入となる」(関生支部、一九九四)。「イン工場」とは支部の組織があり、集団交渉に参加している企業のことであり、「最低保障」は所得保障のための一定の残業時間を意味している。また、日々雇用の労働者は今日では一日二万五〇〇〇円が支払われている。

年間休日は現在では一二五日の休日制度に水準は上がり、休日取得は経営者に抑制されない。ちなみにドイツの年間休日日数は一五〇日以上だ。労働協約での年次有給休暇や、週給二日制、祝日やクリスマス休暇などを含めると年間一五〇日以上になる。この数字を紹介したのは『ドイツ人はなぜ、1年に150日休んでも仕事が回るのか』(熊谷、二〇一五)だ。ドイツに比べるとまだ二五日少ないが、実は関生支部の一二五日には年休が入っていないので、それを加えるとドイツと肩を並べているとみてよいだろう。関生支部の水準は、日本では飛び抜けて高いが、その理由は関生支部がドイツのような産業別組合だからなのである。関西の生コン業界という狭い領域でヨーロッパのような緩やかな働き方を実現していることになる。

さて、雇用保障についてはどうだろうか。非正規雇用の労働者の雇用についても、産業別組合ならではの組合政策が、一九七〇年代半ばに実現している。集団交渉で、日々雇用の労働者が必要な場合には、組合の推薦する労働者を採用することを協約化させた。そして日々雇用の労働者を支部の分会（朝日分会）に組織する。一方、各企業の分会に雇用委員を置き、仕事量に応じて日々雇用の人員数を朝日分会に連絡する。この仕組みは「優先雇用協定」というが、労働市場の日々雇用の低賃金を規制し、雇用の安定をめざすものだ。まるで「第二章　歴史編２」で述べた初期職業別組合の「欠員簿」制度のようで、労働組合が労働力の需要と供給の関係に介在し、雇用の安定をはかっているのである。

この日々雇用の例は、さらに関生支部の分会のある企業では、新規採用でも組合員を優先的に雇用する協定へと拡大した。また倒産や廃業で失職した組合員は、集団交渉の参加企業が共同で雇用責任を負うとの「共同雇用責任」の確立へと発展していった。

これらの政策は、横断的な労働市場を規制することが労働組合の役割であることを示す好例だろう。関生支部は、企業別組合が終身雇用慣行のもと企業内で雇用維持をはかるのとは違って、労働市場を規制することで業界内の雇用の安定を守るとの政策をあみだしたのである。

ところで、男性の緩やかな働き方は、女性にとって働きやすい環境である。あるシングルマザーは日々雇用で採用され、基本給に手当を入れると月に「二七万円程度」になる。前職の医療事務の「月一二万～一三万円」と比べると倍以上だ。その職場には関生支部はなかった。しかし関生支部の「賃金水準が、地域全体の「相場」も引き上げ」、未組織で日々雇いの彼女の賃金に影響したのである。

また労働時間にしても、他のシングルマザーの例だが、「午前八時から午後五時までの定時で帰れる」。「残業は月に二、三日程度」だ。「少し遅れ、お迎えに間に合わせようと、ミキサー車で保育園に乗り付け、他の父母や保育士を驚かせた」という話もある(竹信、二〇二〇)。

実は今、生コン運輸の現場に女性の進出がめざましい。賃金は職種を基準にした同一労働同一賃金なので男女の賃金差別はない。休日も多く、残業も少ない。普通のトラック運輸と違って、荷物の上げ下ろしの作業がない。関生支部の関西圏だけだが、大型免許さえあれば、女性が子育てしながら働きやすい職種になっている。ワーク・ライフ・バランスの言葉が広まって久しいが、いっこうに実現しない。関生支部の働く女性をみれば、産業別労働組合こそがその実現の担い手であることがわかるだろう。

このような労働条件の到達点をみてくると、生コン業界の、しかも関西に限定された地域ではあるけれども、ヨーロッパ的な社会の萌芽をみいだすことができる。なぜなら関生支部は、産業民主主義のもとで産業別交渉と労働協約、職種別賃金、労働時間規制、同一労働同一賃金原則などを追求しているからだ。その運動方向が、古くから産業別組合が社会に根づいているヨーロッパ社会に接近するのは当然のことである。

一般労働組合の形成運動

みてきたような高い労働条件は関生支部が産業別組合だからであると、なぜ言えるのだろうか。これから順に説明していくことにしよう。

この時期、労働運動全体の流れからすれば、あまり目に止まることはなかったが、重要な運動提起がなされていた。一般労働組合の形態での労働者の組織化である。関生支部はこの一般組合の運動のなかで初期の飛躍をなしとげることができた。

戦後の未組織労働者の組織化は「合同労組」運動として始まった。総評が一九五五年に提起して広がるが、六〇年代後半には先細りとなる。合同労組は、特定の産業・業種を軸とせずに地域を基盤にしたこと、また企業別組織が組合権限をもっていたことなど産業別労働組合の視点からすれば組織上の欠陥をもっていた。

合同労組の波が引くなかで、一九七三年に建設一般が、七九年に化学一般が結成され、関生支部が加盟していた全自運（全国自動車運輸労働組合）も七七年に運輸一般に移行した。一方、専門研究者から一般労働組合の事例が持ち込まれた。中林賢二郎を中心に研究者たちによって一九七〇年代、一般労働組合とくにイギリス運輸一般労働組合（ＴＧＷＵ）の経験がさかんに紹介された。

その努力は運動現場にも届いていた。一九七六年に、全自運東京地本の生コン部会では「全自運はイギリスの運輸一般型の業種別運動をモデルにした運動形態を東京地本でも具体化すること」(飯坂、二〇〇四)になったとの話があったという。一般組合の運動路線が末端にも浸透していたことがわかる。

一般労働組合の形成運動は、「合同労組」運動につぐ、企業横断的な組織化運動の第二の波をつくりつつあった。「本当の労働組合」の「種」が一般組合という形で蒔かれたのである。

関生支部のもつユニオニズムの組合機能

関生支部が産業別組合を確立するに至る貴重な教訓は四つある。まず二つは、「第三章　分析編1」で述べてきたユニオニズムの機能と方法にかかわっている。関生支部が産業別組合を確立したとするならば、ウェッブの理論にもとづいているはずである。

労働組合の機能は労働者間競争を規制することであり、その機能は、労働条件を等しく「共通規則」にそろえることによって実現される。その「共通規則」のもとで規制する方法の中心が「集合取引」だ。要するに、労働組合の機能と手段は「共通規則」と「集合取引」の二つに集約できる。

関生支部の教訓は、この二つに加えて、日本の特殊性のもとで産業別組合を実現するうえでの課題をも明らかにした。それは一つは企業別組合から産業別組合へ転換するための組織上の問題であり、あと一つは産業構造を改革する政策的な課題である。

このように関生支部は、日本で産業別組合を築いていく課題を示し、それと取りくむうえでの教訓を明らかにした。それはいわば「定石」でもある。以下にみていくように、この「定石」を使えば産業別組合確立の道筋を進むことができるのである。

産業別統一指導部の確立

注意すべきは、個人加盟組織が産業別組合の資格ではないことだ。「第六章 分析編2」でふれたように、合同労組や産業別組織でも個人加盟組織の組合はあるが、それは産業別組合の組織的な特質の前提にしかすぎない。根本は組合権限がどこにあるのかである。産業別組合では、企業ではなく「産業別地域組織」が執行権・人事権・財政権をもっている。

この特質が多分に日本的な組織問題といえる。というのは欧米の産業別組合の場合にはすでに「産業別地域組織」が存在しているので、そこに個人や企業ごとの労働者が加入することになるからだ。一方、日本ではまず産業別統一指導部を確立し、そこに企業別組合の組合権限を集中する過程が不可欠になる。企業横断的な労働条件を築くには産業別統一闘争を推し進める指導部が要《かなめ》となるからだ。

関生支部の前身は、一九六〇年に結成された全自運傘下の「大阪生コン輸送労組共闘会議」（生コン共闘）であり、それは企業別組合の意見交換・交流の共闘組織としてつくられた。関生支部はすでに結成時において、この共闘組織から、交渉権・スト権・妥結権の権限を支部執行部に集中する組織体制に移行した。関生支部は産業別組合の組織的な特質を結成時にすでに身につけていたのである。

このような体制を確立した背景には、結成時一八〇人の勢力が、経営者の暴力的な支配に立ち向かうには、企業を超えた連帯の力しかなかったからだろう。企業内の少人数の組合員だけなら押しつぶされてしまったに違いない。産業別統一指導部は、産業別組合を形成するために大切な「入り口」のような前提条件なのである。

「共通規則」・「集合取引」による競争規制

支部結成からそう長くない一九七三年、一四社を相手にした初の集団交渉が実現した。この交渉によって「大型運転手最低保障賃金一〇万円」の協約化も成功させた。ウェッブが一九世紀末の労働組合を観察して導きだした「共通規則」を設定して、それを「集合取引」で達成するとの命題が、この日本で実践されたのである。ここを出発点にして交渉参加企業も大幅に増え、また統一労働条件も多様化し、高い水準に引き上げられていった。

関生支部での「集団交渉」の実現は、日本でも産業別交渉が可能であることを示した意義は大きい。もちろん企業別交渉を改革する試みはこれまでもなされてきた。企業別交渉に上部団体がなんらかの形で参加する形式を集団交渉というが、そのなかには単産と経営者団体が交渉する統一交渉、企業別交渉に単産が加わる対角線交渉などがある。しかし経営者は企業外の交渉者の介入を極度にきらい、一方、単産や単組も集団交渉に意味を感じず、企業内交渉から抜け出すことはできなかった。

それはいったいなぜで、またなぜ関生支部はなしとげることができたのだろうか。おそらく二つあっただろう。一つはこれまで労働運動のなかで、「共通規則」と「集合取引」との一体的な関係が理解されてこなかったことだ。すでに述べてきたが、「共通規則」は企業を超えた統一した労働基準だ。その中心となる賃金は、日本の場合、年功賃金なので、企業を超えた統一基準になりようがない。統一の障害になる年功賃金が集団交渉を押しとどめてきたとみなければならない。

関生支部は集団交渉の実現時に「大型運転手最低保障賃金一〇万円」を要求し、一九八二年には、「三二項目」協定事項のなかの「業種別・職種別賃金体系」で職種別賃金を明確にした。年齢間の賃金差は、一年あたり年間五〇〇〇円ほどで、新規の労働者と三〇年勤続者との給与は一万五〇〇〇円ほどの差しかない。関生支部は、年功賃金を否定することによって、企業横断的な統一労働条件＝「共通規則」を設定することが可能になり、だから、産業別団体交渉＝「集合取引」も実現したのである。この相互関係の理解が欠かせない。

ところで集団交渉に関連してつけ加えなければならないのは、関生支部の集団交渉が短期間に広く実現できた背景である。産業別統一闘争によるものであることはもちろんだが、それに加えて、中小業者の特質とも関連しているものと考えられる。それは労働者間競争の規制は、企業間競争の緩和につながるという仕組みだ。

つまりこうだ。労働条件・労働コストを企業間競争の「らち外に置く」ことによって労働者間競争を規制することができた。逆に「らち外に置く」ことができないと、労働条件・労働コストをめぐって押し下げの企業間競争が起きる。つまり「らち外に置」ければ、押し下げ競争はなくなるのである。賃金・労働時間にもとづく労働コストが平準化すれば、企業間競争は緩和される。それは企業によってもメリットになる。

関生支部は、「企業間の過当競争」のなかで「賃金体系をはじめ、休日や労働時間の統一等を通して労働コストを平準化する事で、企業間の競争条件の一つがなくなっていく」とみていた。中小業者の競争緩和にも着目していたのである。

さらに統一化が「各企業が協同組合の下に団結していくことができるような下地が作られていった」と興味深い指摘をしている（関生支部、一九九四）。つまり同業他社の競争相手と、労働コストの切り下げ競争はしなくてもすむ。そのことが、経営を圧迫する共通の相手である大企業に、中小業者が連携して対抗する基盤をもたらすことになる。この集団交渉が中小業者の競争緩和をもたらすとの教訓は、日本に産業別組合を築くうえで大きな利点となるだろう。

集団交渉と産業別統一闘争

つぎに集団交渉を実現させた原動力として注目すべきは、産業別統一闘争である。集団交渉に向けての統一闘争には二つの段階がある。まずそもそも集団交渉の前提として、業界内に労働組合が揺るぎなく存在していなければならない。

関生支部は結成から一九七〇年代にかけて経営者による職場の暴力支配と組合員への暴力的攻撃に直面する。職場では組合潰しや組合員への暴力や脅迫が絶えない。それは熾烈をきわめた。

一九七九年に、当時の関生支部の武建一書記長の拉致・殺人未遂事件が起きた。山口組系暴力団が、ある企業分会の解散を求めて、一昼夜にわたって監禁し、ガムテープでぐるぐる巻きにして、殴る蹴るの暴力で脅迫した。聞き入れないとわかると、「殺してやる」と六甲山のふもとに連れて行かれた。山中に二メートルほどの穴が掘られ、生き埋めにされる直前、実行犯のヤクザの親分が、書記長が同郷の徳之島出身と知り、解放され、一命を取りとめた。だが一九八二年には、関生支部の高田建設分会・野村雅明書記長が通勤途上、暴力団によって刺殺された。後に会社が殺し屋に二〇〇〇万円払ったことが明らかになった。

産業別組合が労働社会に根を下ろす段階では、経営者からの厳しい反撃がなされることは、本書「歴史編」でみてきたとおりである。その攻防は団結権の問題だ。労働者の団結権は産業民主主義にかかわる次元であり、賃上げなどの労働条件の向上の要求とは違い、妥協の余地はない。

武建一は当時こう述べている。「職場では一人であっても労働組合の存在を認めなさいと、会社に求めていく」。拒否すれば「一人であっても、それを支援するために全員の動員をかけて、その会社に抗議行動をしていく」。工場へも抗議、宣伝をする。そして「生産点を完全に止めてしまう。そういうことをずっと繰り返していました」(武、一九八二)。

ここに産業別組合を築いていくうえでの重要な運動形態が示唆されている。それは憲法二八条の「勤労者」の「団体行動をする権利」にもとづく「集団行動」である。ここで統一指導部の存在も威力を発揮する。

統一指導部が大量の組合員に参加を指示し、その企業・工場に送り込み、抗議活動を展開する。「集団行動」によって指導部は、組合員を守る姿勢を明確にする。支援する者・される者は企業の垣根のない同じ支部の組合員だ。強い連帯感のもとで持続的でねばり強い「団体行動」がつづく。この時期に支部組合員のあいだで共有された標語がある。「他人の痛みはわが痛み」だ。やがて経営者は不当労働行為を認め、謝罪する。

この関生支部の運動は日本では特異に感じられるかもしれないが、産業別組合確立をめぐっての古今東西、共通する闘いである。ここでもアメリカ労働運動の事例が思い出される。「第五章　歴史編４」でＩＷＷのローレンスの争議における「腕組したままのストライキ」の写真を紹介した。写真の男性たちはＩＷＷの支援要請に応えた者たちだ。暴力に対して暴力で反撃しない。しかし決して屈服しない。多くの者たちの支援行動で対抗する。写真はそのことを写し出しているようだ。またイギリスのロンドン・ドックのストライキのときの支援者のデモンストレーションも、アメリカのＧＭの争議に全米から集まった労働者の支援行動も、連帯した「集団行動」である。

さて関生支部では、このような経営者に労働組合を認めさせることが集団交渉実現の前段階になり、つぎは実際に集団交渉に企業を参加させる段階に向かう。その点では前段階の延長であり、形態も同じ「集団行動」だが、その矛先は産業民主主義を否定する企業から集団交渉の不参加企業に変わる。

集団交渉に所属企業が参加していなければ、企業内で激しく追及する。しかしそれに限らない。不参加の企業に対してもその企業に雇われていない多くの組合員が押しかけて抗議する。

産業別統一闘争では産業内のすべての企業が、運動の対象なのである。運動形態も、集団交渉の参加を要求する一斉の残業拒否運動から、やがて支部の統一ストライキへと発展する。このようなストライキを含む産業別闘争こそが集団交渉を実現させた原動力だった。日本で産業別組合を創るという事業は、企業を超えた労働者の連帯の大きなエネルギーなくしてはやり遂げることはできないのである。

産業別組合による産業構造の改革

日本で産業別組合を切り開くうえで特有の課題となり、関生支部がつかんだ教訓の四つ目は産業構造の改革のテーマである。これはウェッブの『産業民主制論』をみてもわからない。関生支部が独自に格闘した課題だ。

それぞれの産業・業種には独自の構造があり、それが労働者の労働条件のおおもとを規定している。例えば過当競争の状態にあるタクシーやバスの運転手、株式会社化された保育園で働く保育士、民間企業が運営する公立図書館の司書、下請構造のもとの建設労働者やトラック運輸労働者などである。企業別組合のなかでは、企業の経営者が働き方を決めているように捉えがちだ。ましてこの構造を変えていくには企業別組合ではとうていなしえない。ここに日本で産業別組合を創造する特別の意味がある。

関生支部はこの産業構造の改革に挑戦することが迫られた。賃金引き上げが、産業構造の壁にぶつかったのである。生コン労働者の賃金を一斉に上げれば、労働コストも上昇する。だから業界としても生コンの価格を引き上げることになる。労働者の生活向上のためにそれはやむを得ないことだ。

ところが、ここで生コン業界の構造問題が浮かび上がってくる。生コンの製造価格の値上げには、外部の二つの業界がからんでくるのである。生コン業者は作って、売るのが商売だ。その「製造コスト」に作用するのが、大手セメントメーカーである。また「販売価格」には大手建設企業(ゼネコン)がかかわってくる。

大手セメントメーカーはその需要の多くを生コンに依存している。販売額に占める販売先の比率で生コン企業は七割ぐらいで、重要な販売先だ。ところが、買ってやる側の生コン業者は実は地位が低い。セメントメーカーは少数の大企業であり、高いセメント販売額を独占価格として押しつけることができるからだ。セメント資本はそれで利益を得ているので、生コン業者を統制し、高値を維持しようとする。生コン側からすると高いセメント価格によって、製造コストを上げざるを得なくなる。

他方、生コンを買う側は大手建設企業である。ゼネコンが生コンを発注し、生コン製造企業はそれを受注する関係にある。日本の建設産業においては発注・受注の関係のもとで、下請の受注側が圧倒的に劣位におかれている。それは建設の需要をゼネコンが一手に集めて、その仕事を過当競争状態にある中小下請業者にやらせるからだ。このもとで生コンの「販売コスト」はゼネコンに買い叩かれることになる。

生コン業者はこのように大手セメント資本とゼネコンという大企業に挟撃される産業構造になっている。「大手セメント資本」―「生コン製造・運輸業者」⇕「大手建設企業」という構造のなかで生コン労働者の労働条件が決まるのである。

協同組合による中小業者と労働組合の連携

この構造のもとで関生支部があみだしたのが、中小業者と労働組合との連携の戦略であり、そのために協同組合の方法がとられた。中小業者に対して「一面闘争・一面共闘」の路線のもとで、分散し競争し合う業者を協同組合のもとにまとめ、大企業に対抗しようとする大きな構想である。

当初協同組合は、セメント資本が生コン中小業者をまとめ、そこでセメント価格の高値維持をはかろうと、メーカー主導でつくられた。ところが、一九七三年のオイル・ショック以後はセメントメーカーと中小生コン業者との矛盾も大きくなった。すでに集団交渉の実績もあり、中小業者は大企業の狭間で生き残るため労働組合と連携する道を選んだのである。

中小業者の経営の安定は、労働者と同じように競争を規制することでなされる。労働組合と同じように、中小業者は「個人取引」によれば企業間競争に巻き込まれてしまう。しかし協同組合に結集することによって「集合」して、「取引」することができる。

生コンを売る場合、安く売ろうとする安値競争を規制すればよい。だが当然、価格を統制する価格協定は、カルテルとして独占禁止法によって禁止されている。しかし事業協同組合だけは、中小企業等協同組合法によって適用除外なのである。この法律のもとで生コン協同組合は共同受注・共同販売を事業として展開した。

生コン協同組合のもとでは個別の企業が生コンの販売をするのではない。協同組合が窓口になり、一括して受注し、加盟企業に割り振る。そして、協同組合が決めた採算が成り立つ価格で販売する。こうすればゼネコンに生コン製品を買い叩かれることはなくなる。

一方、セメント資本に対しては生コン工場の新増設を規制した。セメントを大量に売り込もうとセメント資本は専属の生コン企業をつくり、工場で生産を増やす。それが安値競争のもととなる。関生支部は協同組合や集団交渉をつうじて工場増設を規制した。また協同組合では、共同購入の事業によってセメントも一括して買い入れることができる。そこでセメント価格の値上げを抑えるのである。生コン業界を安定させるこの産業構造の改革の戦略は今日まで引き継がれている。

このように日本で産業別組合を確立するには、単に企業横断的な賃金労働条件の向上を求めるだけでなく、その実現を制約する日本的な産業構造を視野に入れなければならないことになる。関生支部が、産業別組合を確立する上での日本的な課題を先駆的に取りあげた意味は大きい。

なおつけ加えて強調しなければならないのは業界の構造を改革する戦略は、たんにみずからの賃金労働条件のためだけではないことである。生コンの品質への世論の批判を受けとめ、労働組合として品質の管理に取り組んだ。一九九〇年前後、公共事業の道路や橋脚などの劣化や民間住宅のひび割れや雨漏りなどが世論の批判の対象となった。これらは生コン企業のずさんな品質管理に原因があった。

例えば、生コンの過積載はミキサー車の攪拌能力を減退させる。加水にあたって水を入れすぎると強度の弱いセメントになる。打設までに九〇分を越えると品質が低下する。関生支部はこれらの原因を明らかにし、品質改善の運動を労働組合として取り組んだ。

生コン業界の産業構造を改革する運動は、賃金労働条件にとどまらず業界の健全な発展が国民生活にかかわっていることを明らかにしている。関生支部は、「産業のあり方を問う」運動が労働組合運動の課題であることを、労働運動に投げかけたといえるだろう。

「飛躍と弾圧」の産業別組合

関生支部はこれまで述べてきたような筋道で産業別組合を日本で定着させ、労働条件でも高い到達点に立っている。それを経営者や国の権力が黙ってみていたわけではない。弾圧は一九八二年から始まった。

権力の弾圧はつねに関生運動の飛躍の頂点でなされる。一九八二年といえば、七三年の集団交渉の実現から八二年の「三二項目」協定の締結という高揚期だ。関生運動の経験は運輸一般をつうじて全国から注目されるようになった。一九八〇年、東京生コン支部が結成され、東西で関生型運動が展開される見通しとなった。さらに全国的にみても、七七年には運輸一般の全国セメント生コン部会が確立し、情報交換組織から、全国指導部をもつ業種別部会へと発展した。こうした勢いは、生コン業界という狭い産業ではあるが、日本における全国的な産業別労働組合の登場という、組合運動にとっての夜明けとみてよいだろう。

この関生型運動の広がりは経営側を震撼《しんかん》させた。三菱鉱業セメントの社長であり、また企業別組合を称賛したあの日経連会長・大槻文平は、「関西生コンの運動は資本主義の根幹にかかわるような運動をしている」と批判した。大手セメント資本は「箱根の山を越えさせるな」として関東に広がることを恐れた。しかし「箱根の山」の防衛線は突破され、関東が主戦場となりつつあった。

この時点で警察権力の弾圧が始まったのである。関西での不当逮捕につづいて、東京でも争議に警察権力が介入してきた。組合潰しの争議解決のさいの解決金をめぐって、一九八二年一一月二六日、「恐喝罪」として東京生コン支部の三名を逮捕した。この一件が、日本の労働運動の未来を揺るがす大事件へと広がっていったのである。

警察は争議を指導していた東京生コン支部だけでなく、上部団体の運輸一般の中央本部にまで捜査の手を伸ばした。支部組合員の逮捕の当日、中央本部にも家宅捜査がなされた。ところがここで、思いもかけない方向に事態は動くことになった。あろうことか日本共産党の関与である。

一九八二年一二月一七日の共産党機関誌『赤旗』に、運輸一般本部の「声明」が掲載された。その「声明」は、「権力弾圧」は「一部の下部組織の社会的一般的行為として認められない事態をとらえて」なされたというのだ。つまり、運輸一般本部は、これまでの弾圧は不当であるとの態度を豹変させ、「下部組織」がやったことで、本部はかかわりないとの態度を打ち出したのである。

そして、共産党が運輸一般本部の「声明」を掲載したのは、共産党に捜査の手がおよばないようにするためと推測された。しかし、そもそも労働組合と政党とは関係がないはずだ。弾圧がおよぶはずがない。しかし、その心配が生じる背景は、運輸一般中央執行委員会での当時の委員長の発言から察することができる。

「政党が大衆組織のなかで政党の方針を貫徹するためにインフォーマル組織をつくるのはあたりまえ」(関生支部、一九九四)だという。産別会議の時期を振りかえれば、またやってしまったとの感は否めない。当時の教訓は生かされなかったのである。インフォーマル組織とは産別会議の時にみた「フラクション」のことだ。つまり、この発言は、運輸一般本部をフラクションをつうじて裏で実質的に指導していたのは共産党であることを、みずから明らかにしてしまったのである。

経過の子細を示すことはしないが、結局のところ、運輸一般本部と関生支部との対立は深まり、関生支部の執行部を本部派が握ろうとしたが、支部組合員の多数の支持は得られず、本部派は支部からの離脱の道を選んだ。こうして関生支部は分裂したのである。この権力の弾圧と運輸一般本部の離脱・分裂攻撃によって関生支部は組織を半減させた。

事の本質は政党による労働組合への組織的な介入にあった。組合内で政策・戦術をめぐって意見の違いが生じるのは当然であり、組合内でグループができるのもありえることだ。執行部が変わることもあるだろう。だが、組合の外部の政党が、党グループをつうじて介入するのは、それは「労働組合の政党からの独立」の原則からあってはならないことだ。

フラクション政策がその後、どのようになったのかはわからない。ただここで、関生支部へなされた批判が、産業別組合をめぐって留意すべき論点なので紹介しておいた方がよい。批判点は主につぎのようである。一つ、組合組織は業種別支部ではなく、選挙区ごとの地域支部にする。二つ、集団交渉は組合員不在の「雲の上の闘い」だ。三つ、産業別統一闘争は「直接行動主義」「動員主義」であり、「職場を基礎に」すべきだ。関生支部が日本で産業別組合を切り開いてきた運動はほぼ完全に否定されている。

こうして、労働者組織化の戦後第二の波であった一般組合の形成運動も幕を閉じた。その後もこの運動は顧みられることがなかった。日本で再び企業別労働組合主義が労働運動を覆うことになる。関生支部は、一般組合運動という「全体」から切り離され、「部分」となった。しかし、関生支部はひとり関西の地で、産業別組合の旗を掲げ、孤塁を守りつづけたのである。

弾圧から飛躍へ

それから一五年ほどがたつ。弾圧によって大企業と生コン中小業者との構造的な矛盾がなくなるわけではない。関生支部もこれまでの運動戦略を堅持している。支部が再び前進するのは自然の成り行きだった。業界は弾圧以降、混乱していた。生コン工場の新増設によって安値乱売の過当競争がなされ、企業の倒産・閉鎖があいついだ。しかもバブル経済の崩壊は業界全体を危機に陥れていた。

業界の危機を前にして中小業者は再び結束する道を選んだ。協同組合を再建し、企業間競争の規制により、価格安定をはかるほか生き残れないことを再認識したのだろう。その象徴が九四年の大阪広域協同組合の結成だった。生コン企業の一〇七社が集まり、組織率八〇％に達した。

さらに一九九五年には集団交渉が再開し、九八年には、あの組合分裂の相手である運輸一般も加わった。あらゆる組合潮流が集団交渉への参加という一点でまとまったのである。九八年春闘では五団体の労働組合と経営者団体を合わせて三〇〇名の大規模な集団交渉がなされた。こうして生コンの安値競争で下落した価格の「値戻し」も実現した。関生支部も二〇〇〇年代、第二次の飛躍を迎えた。

だが、二〇〇五年、またしても弾圧である。弾圧は、集団交渉に加わっていない「アウト業者」に参加を説得した、その活動が「強要未遂」「威力業務妨害」にあたるとの理由だ。武建一委員長を初め七人の支部役員が逮捕された。武委員長は第一次弾圧では拘留は二三日だったが、第二次では一年におよんだ。

ところが立ち直りは早かった。関生支部の産業別組合としての力量は第二次飛躍で高まっていた。ストライキの規模も大きい。セメントは全国の製造工場からいったん貯蔵出荷基地（サービスステーション）に運び込まれ、そこから生コン企業に輸送する。その輸送を担うのがバラセメントの労働者だ。また建設現場に運ばれた生コンを、土台などに流し込む打設の作業をするのが圧送労働者である。この二つの業界とも労働組合も協同組合も確立していた。

二〇〇五年に関西のセメント貯蔵出荷基地五八カ所でストライキを決行した。二〇一〇年には生コンとバラセメント、圧送の三業種の労働者がストライキに立ち上がった。七月二日に始まり、一三九日間におよぶ長期のストライキをやり抜いた。大阪駅前の「梅田北ヤード再開発工事」を始め、トップゼネコンの三つの大現場がストップし、大阪府下の八割の建設現場の工事が止まった。

ところが、このストライキによってゼネコンが生コンの値上げを認めたものの、それが輸送運賃の値上げに結びつかなかった。それでは肝心の労働者の賃上げはなされない。その背景には大阪広域協同組合が、組合を利権獲得の手段とみた幹部によって牛耳られていた事情があった。

そこで二〇一七年一二月、運賃値上げのストライキをおこなった。ところが、これを契機に、戦後労働運動史上まれにみる未曽有の大弾圧が関生支部にかけられたのである。二〇一八年七月から一一月まで断続的に組合員が逮捕された。この第三次弾圧の逮捕者はのべ八九名、七一名が起訴された。武委員長は八月二八日に逮捕され、一年一〇カ月の拘留の後、保釈された。逮捕はいずれも組合の要求や組合員の要望が「恐喝未遂」、ストライキが「威力業務妨害」との理由によるものだった。二次、三次と弾圧の規模が大きくなっているのは、明らかに関生支部組織の壊滅を狙っているからだろう。

さて、紙幅をさいて関生支部の組織と運動をみてきた。それは日本に産業別組合が定着する歴史だったからだ。「第七章 歴史編5」で紹介したように、一八九七年設立の「労働組合期成会」による職業別組合を日本に移植する試みは挫折した。戦前期に日本で産業別組合を確立する運動は一九二一年の川崎・三菱造船所の争議の敗北で終わった。そして戦後、全自による産業別組合をめざす志は一九五三年の日産争議の敗北でついえた。

そして、一九六五年に結成した関生支部は、七〇年代の日本に一般組合を形成する運動のなかで成長し、幾多の試練をへて今日、産業別組合として存在している。この事実は、日本の労働運動の歴史をふり返るならば、「本当の労働組合」を確立する四回目の挑戦において今度は勝利したことを意味する。

だが、その勝利はあやうい。注目すべきは、関生支部が飛躍と弾圧のサイクルを繰り返していることだ。飛躍は産業別組合であることの正しさを、弾圧はそれゆえに経営者と権力から抑圧されていることをそれぞれ示している。産業別組合であるがために弾圧される。しかし、労働運動の側は、関生支部が長期にわたって孤立をよぎなくされてきたことを見過ごしてはならない。企業別組合が支配的な労働運動のあり方もまた問われているのである。

関生支部の歴史を、労働運動再生の糧にすることが必要だろう。とくに一九七〇年代から八〇年代初頭にかけての一般組合の形成運動のなかで、関生支部が成長した事実は重要だ。そこから考えられるのは、関生支部を「部分」にさせず、「全体」を創造することである。つまり労働者組織化の戦後第二の波であり、ついえた一般労働組合の形成運動を再興させることだ。この方向が、これから述べていくように労働運動再生の道筋となるに違いない。

3 ユニオニズムの主役はどこにいるのか

労働組合の形態転換の構図

日本でいま広がっているのは「一九世紀型の野蛮な労働市場」であるが、この流動的労働市場のなかから、ユニオニズムを創造する手がかりが明らかになる。

その見取り図は、労働組合の歴史のなかから確認できる。図14は労働組合の形態転換の歴史のなかから取り出した図式である。「労働者類型」と「労働組合機能」との関係に「主体の意識性」がかかわっているという三つの相互関連を表している。説明すると、まず経済発展や技術段階にともなって労働市場が形成され、そのなかで一定の「労働者類型」がつくられる。その類型は自分に適した「労働組合機能」を必要とする。やがてその機能を包含する「組織形態」が出現するという関係になる。

　例えば、労働組合を最初に確立した職業別組合は、狭い職業別労働市場のなかで、高い熟練をもつ労働者類型を基盤にしてつくられた。その組合は自律的結束と共済を組合機能とした。しかしやがて、広範囲の不熟練労働者の労働市場がつくられた。不熟練労働者という労働者類型が登場したのである。アメリカでも大量生産工場を中心に半熟練工の労働者類型が現れた。

　さてここで図に戻ると、図は「労働者類型」と「組合機能」との対応関係を示しているようだが、それだけではない。大きな矢印のぶつかり合いは、「労働者類型」と「組合機能」との矛盾も表している。つまり「新しい組織形態」は、その前の「先行する組織形態が新しい条件をその機能によって吸収しえなかった結果として成立した」。「労働組合の発展」は「矛盾の止揚として遂行された」のである(栗田、一九六三)。新しい「労働者類型」と古い「組合機能」との矛盾の解決として「新しい組織形態」が求められるのである。

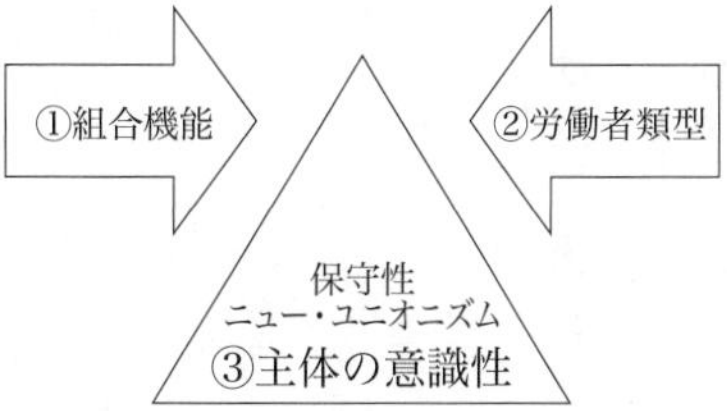

図 14　労働組合組織の形態転換のイメージ図

　しかし、その変化は必然ではあるが、自動的ではない。そこに図の下の「主体の意識性」が作用する。労働組合を改革するための労働組合思想を身につけ、意識的に行動する主体なくして矛盾は解決しない。歴史をみてもニュー・ユニオニストや産業別労働組合主義者の「主体の意識性」が不可欠な条件となっていた。

その「意識性」が高まらない限り、労働者の悲惨な状態は深まったとしても、それを改善するための形態転換はなされない。イギリスやアメリカの頑迷な職業別組合の幹部がそうだったように、組合の形態転換はなされず、労働者の悲惨な状態は続く。それはやむを得ないことなのである。

新しい労働者類型の登場

この図式に、目の前で進んでいる日本社会の変化を当てはめることができる。形態転換では労働者類型が重要なポイントだった。これまで日本的雇用慣行を土台にして「従業員」類型が存在し、その類型を基盤にして企業別組合が成り立っていた。そのおおもとの日本的雇用慣行が終息した。そこに姿を現したのが流動的労働市場だ。ところが企業別組合はこの流動的労働市場を規制できない。つまり企業別組合は、日本的雇用慣行の終焉という「新しい条件をその機能によって吸収しえなかった」のである。

そうであるならば、「労働者類型」と「組合機能」「組織形態」との新しい整合関係が構築されなければならない。新しい「労働者類型」に対応して労働組合も改革される、そういった時代に入った。

だが、ここで再確認しなければならないのは、欧米では時代の変化にあたって、労働組合が一国レベルで整然と変わっていったわけではないということだ。変容の過程では二筋の組合の流れがあった。一方での職業別組合を保守する流れと、新しく産業別組合・一般組合を構築する流れだ。新しい組合潮流が先行し、その後に古い労働組合も自己改革するとの経過をたどった。二つの潮流が併存したのは、それぞれの組合潮流にはそれに対応する労働者類型が存在していたからである。

この欧米での併存関係を、いまの日本でどのように考えるのか、ここに労働者類型論の重要性がある。新しい労働者類型の配置を示しているのが図15である。

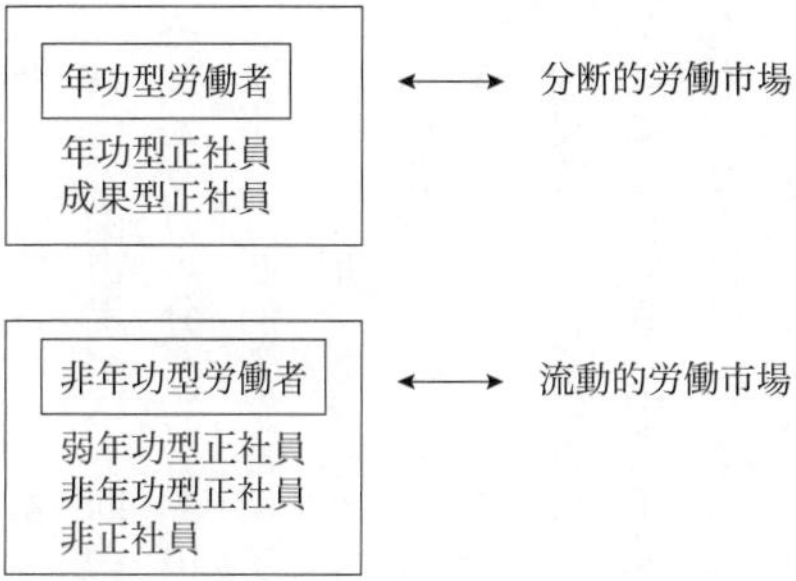

図15　新しい労働者類型のイメージ図

これまで企業別組合の土台となっていた「従業員」類型は、日本的雇用慣行を基準にして成り立っていた。大企業、中堅企業、小零細企業と企業規模ごとに、あるいは男性と女性というように格差に彩られた「格差社会」のもとではあったが、自動昇給・自動昇進という点では日本的雇用慣行の恩恵に浴する従業員であった。官公部門の労働者もここに属する。

今日、形成されつつある労働者類型は図をみるとわかるように大きくは二つに区分できる。それは労働市場が「分断的労働市場」と「流動的労働市場」との二つに分離されているからだ。その上方の「分断的労働市場」に「成果型正社員」と「年功型正社員」の二つが位置している。まず「分断的労働市場」とは何かである。これは、一九二〇年代の日本的労使関係とともに形成され、形を変えつつも、いまも存続している労働市場だ。日本的労使関係によって労働力の流動化が押しとどめられ、労働市場は企業別に分断されている。これが「分断的労働市場」である。

今日でも、企業経営は非正社員や、後に述べる非年功型正社員だけで成り立つわけではない。企業に定着する一定の正社員は必要とされる。企業内で技能や経験をかさね、企画や監督能力をもった人材は、企業も長期に雇用する対象として確保しておかなければならない。しかも、ジョブ型労働市場はつくられていないので、今日でも企業内で技能は養成される。また単身者賃金から出発する年功賃金は変わらないので、賃金を上げないわけにはいかない。このように企業にとって長期間に勤続することが期待される人材は存在する。それが「分断的労働市場」における「成果型正社員」と「年功型正社員」の二つの類型である。

二つの類型のうち「成果型正社員」はこれまでの「従業員」類型の変容とみることができる。民間大企業では、二〇〇〇年代からの成果主義人事制度と大リストラをへて、日本的雇用慣行は大枠としては終息した。しかし長期的に雇用・育成する人材は欠かせない。ただし、これまでの職能資格制度のもとで、同期入社者が等しく自動的に昇給したようなことはしない。経営活動に必要な職務能力を身につけ、その能力を日々向上させ、成果を挙げる従業員だけだ。日々ふるい分けられ、降格・降給もされる。また評価が悪い従業員はリストラの対象になる。

しかし企業にいられるあいだは、賃金の上昇と昇進、雇用保障はなされる。このような従業員が「成果型正社員」である。この民間大企業の分野では長期雇用と相対的に高い賃金という安定した処遇が期待できる。さらに、この処遇を背景にして経営側の絶大な指揮命令権や人事権は存在しつづけている。

つぎの「年功型正社員」は「従業員」類型を直接に引き継いだ類型だ。「成果型正社員」との違いは、人事考課制度による査定の機能が弱く、また自動昇給の要素が強い点だろう。公務員やそれに準拠する社会的サービス部門、あるいはマスコミ産業や労働組合の規制が強い民間企業の労働者などが位置づけられている。日本的雇用慣行がまだ残余的には存在しているとみるべきだろう。

ところでこの分断的労働市場の二つの類型をみくらべるならば、「成果型正社員」は「年功型正社員」の成果主義的な変容によって生まれた亜種とみることができる。そこで二つを総称する場合には、「年功型労働者」と呼ぶことにする。この「年功型労働者」と以下にみる「非年功型労働者」とが同時に並び立つ構図が今日、出現しているのである。

「非年功型労働者」の構成と範囲

さて、他方での流動的労働市場のもとにあるのが「非年功型労働者」である。これは二〇〇〇年代以降に新しく大量に登場した類型で、「従業員」類型とは質的に異なっている。「非年功型労働者」は「弱年功型正社員」と「非年功型正社員」、これと「非正社員」、この三つで構成されている。

この三つの「非年功型」労働者群は、「流動的労働市場」のなかで相互に移動している。正社員か非正社員かといった雇用形態は大きな意味をもっていない。それは共通する人事管理システムのもとで働かされているからだ。

この人事管理の出所は、おそらく二〇〇〇年代半ばに広まった大手製造業の現場で働く派遣労働者の働かせ方だと思われる。派遣労働者は、誰でもこなせるような定型的な仕事を、マニュアルどおりに繰り返し作業させられていた。それは労働密度が濃い過酷な労働であり、しかも賃金は低い。だから派遣労働者はつらくて辞める。辞めても代わりは派遣会社からつぎつぎに送り込まれる。このような定型的な作業と、低賃金・過酷な労働、そして労働力の使い捨て、この働かせ方が製造業に定着した。

この製造業の人事管理システムが典型となり、他の産業にも一般化したものと思われる。経営者はこの働かせ方を確立することによって、低コスト・人件費削減型の経営戦略をあみだした。こうして流動的労働市場を前提にした新しいビジネス・モデルが生まれ、あらゆる産業に、しかも正社員にまで普及していった。この人事管理システムのもとで働いているのが「流動的労働市場」の労働者三類型である。

この三類型のなかで非年功型正社員と非正社員は、雇用形態の違いはあるものの実際には相互に行き来している。

それは両者の処遇のされ方がつぎのように共通しているからだ。非年功型正社員はやらされる職務は限定され、昇進・昇給がほとんどない。終身雇用制のもとでは従業員は、配置転換によって職務を変えてでも雇用は維持されていたが、非年功型正社員は職務限定で短期雇用を基本とする。だから長時間できつい労働をさせられ、正社員でも使い捨てられる。

このように雇用環境から生まれてきた賃金システムが、限定された職務を基準にして、時給単価で賃金を決定する「職務時間給」(今野、二〇二〇)である。また残業時間をみこんで給与のなかに組み込む固定残業代の制度によって、正社員も時間給にすると最低賃金額の前後になる。正社員も非正社員も時間給の水準では同じようになる。このような正社員の処遇システムのもとで、非年功型正社員と非正社員は、雇用形態を超えて流動している。

それでは「弱年功型正社員」とは何か。これも「非年功型正社員」と大差はない。違いは自動昇給があるかないかだ。その昇給する幅が大きく、長期雇用が期待できるならば、それは「年功型正社員」に入るだろう。「弱年功型正社員」は、昇給するものの早い時期に頭打ちになり、昇給が止まってしまう。例えばジャパンビバレッジのベンダー労働者が三五歳で昇給が止まるのはその典型だ。また保育や介護施設で働く労働者も、賃金には年齢・勤続で昇給する要素もあるが、昇給幅は低く、過酷な労働で長期の勤続は難しい。

このように「非正社員」と「非年功型正社員」と「弱年功型正社員」、この三つの類型は「流動的労働市場」のもとで相互に移動している一つの「かたまり」とみることができる。この「非年功型労働者」こそが、ユニオニズム創造の主役となりうる労働者なのである。

ユニオニズム創造の主役になれる資格

流動的労働市場で働く「非年功型労働者」をあえて下層労働者と呼ぶ。下層労働者は「下層」であるがゆえに、ユニオニズム創造の主役になる資格をもっている。げんに欧米の産業別組合・一般組合は下層労働者によって組合員は構成されている。

欧米の組合員の労働者類型は、一つはブルーカラーであり、あと一つはノン・エグゼンプトのホワイトカラーである。エグゼンプトは労働法制から除外された上層ホワイトカラーのことを指すが、ノン・エグゼンプトは労働法制の規制を受けている下層ホワイトカラーを意味している。

欧米の労働組合を構成しているブルーカラーとノン・エグゼンプトの特質は、多くは昇進出世せずに、平《ひら》のまま労働者人生を送ることだ。これまでの日本のように自動的に昇給することはない。エリート層のように労働者間競争のもとで縦に出世して生活をよくするのでもない。下層労働者同士が横に連帯し、労働組合で闘うことによって生活を向上させる。だからこそ日本で増大しつつある下層労働者はユニオニズムを創造する主役になりえるのである。

かつてかなり昔に、熊沢誠はこう述べていた。「〈いまは給料は安い、だがやがて昇給する、会社にいるかぎりなんとか生活は成り立つのだ〉――この事実適応の認識はほとんど絶望的なばかりに労働運動を制約する」（熊沢、一九六二）。年功賃金は労働組合機能を簒奪《さんだつ》しつづけたのである。

しかし今や、上昇可能性を断たれた流動的な下層労働者が登場した。ふり返れば、日本的雇用慣行はユニオニズムの創造を押しとどめてきた泥沼のようなものだった。それは消滅しつつある。現れたのは殺伐とした硬いアリーナだ。労働運動の新しい舞台がせり上がってきたとみることができる。古い舞台では「年功型労働者」が主役だった。新しい舞台で舞う者たちは貧困と過酷な労働のもとにおかれている「非年功型労働者」たちだ。

もちろん生きることで精いっぱいで、そう簡単にユニオンに結集しないだろう。だが彼らの状況を改善するのは企業でも政府でもない。その状況は個人の努力で突破できるほど甘いものではない。労働組合の歴史で学んだように、ユニオンは下層労働者が貧困からはい上がるための武器としてあった。そのことに気づいたとき、日本の下層労働者もユニオンのもとに連帯し、社会を変える力になるだろう。

4 ユニオニズムの創り方

労働者の悲惨な状態を改善するのに役立つ労働組合を一刻も早く創らなければならないが、ここで重要な「主体の意識性」を忘れてはならない。意識性が加わらなければ実を結ぶことはない。その「主体の意識性」は労働組合の変革構想が明確になることで生まれてくるだろう。

方途1 新しいユニオンの外部構築

一九五〇年代から六〇年代始めにかけて、企業別組合から産業別組合への転換について研究者や運動家のなかでさかんに議論がなされた。その議論は、企業別組合の「脱皮」という言葉で表現されていたように、企業別組合の欠陥を克服し、産業別労働組合へと組織形態を転換させていくことができるとの認識にもとづいていた。

その議論から半世紀以上がたつ。企業別組合から産業別組合に「脱皮」することはなかった。企業別組合は美しい「チョウ」を生みだす「サナギ」ではなかった。古いもののなかに新しいものは準備されてはいなかった。この歴史の教訓は重い。この戦後の経験から企業別組合の外部に「新しいユニオン」を構築する外部構築論を採らなければならない。

「外部構築論」は、現在ある企業別組合の「内部改革」が先行するのではなく、「新しい労働組合」の構築を先に考えることだ。「年功型労働者」を土台にしてとりあえずは企業別組合が存在しているが、その外部に「非年功型労働者」の新しい労働組合を創る。両者が並び立ち、やがていつか合流していくだろうというプロセスだ。

方途２　業種別職種別ユニオンによる「共通規則」・「集合取引」

企業別組合の外部に放置されている未組織労働者を、業種別職種別ユニオンに組織する。これが一般組合の形成運動のやり直しである。業種別職種別ユニオンはユニオニズムの関係でつぎのように一般化できる。

業種別職種別ユニオンは、「業種別」と「職種別」と、それぞれの意味がある。まず「業種別」だが、この言葉は、「産業別」だと鉄鋼産業や建設産業などと大きな枠組みをイメージしがちなので、とりあえずは小さな産業という意味で用いている。しかし「業種別」の意味の根本は、産業別と同じように、団体交渉の相手である経営者団体に対応しているところにある。それが「産業別」や「業種別」であったりする。経営側との団体交渉と労働協約の範囲で産業・業種の枠を区切るということだが、とりあえず可能なのは業種別だろう。この企業横断的な業種別交渉こそが、「共通規則」を経営側に押しつける「集合取引」の機構である。その点では業種別職種別ユニオンも産業別組合なのである。

つぎの「職種別」は、「共通規則」を設定する基準である職種・職務を意味している。「共通規則」は労働者間競争を規制する基準であるので、企業を超えられる職種・職務でなければならない。職種別賃金ならば、企業を超えて横断的な賃金規制を実現することができる。

このように業種別職種別ユニオンは、ユニオニズムの根源的機能である「集合取引」と「共通規則」を内包している労働組合である。だからユニオニズム創造の戦略として位置づけることができる。

業種別職種別ユニオンの典型として関生支部があるが、すでに存在している事例はそれだけではない。このユニオンのイメージをつかむために二つの労働組合を紹介しておこう。

一九八三年に日本音楽家ユニオンが結成された。ユニオンはあらゆるジャンルの演奏家を組織し、現在、組合員は五二〇〇名を擁している。交響楽団については、日本全国ほぼすべてのオーケストラのメンバーが加盟している。音楽家には楽団のように恒常的な雇用関係のある分野ではなく、フリーのミュージシャンが多い。ＮＨＫや民放のテレビ・放送局、レコーディングなどスタジオ関連分野のフリーのミュージシャン、またクラブやダンスホール、ホテルのショーなどで演奏する音楽家などである。

労働組合の組織はオーケストラなど雇用関係のある分野では職場組織があり、一方、フリーの演奏家は地域組織に属している。また、楽器やジャンルごとの多彩な連絡組織もある。連絡組織には楽器別にヴァイオリン、トランペット、ギター、ホルン、尺八など、ジャンル別ではロック、ジャズ、ラテン、作詞・作曲・編曲などがある。結成当時は淡谷のり子や雪村いづみ、いずみたくなどもユニオン・メンバーだった。

賃金交渉は、職場組織については各楽団との間で交渉をしている。スタジオ関係は、ＮＨＫと民放、レコード会社の三部門と毎年交渉し、各部門の基準演奏料金を決めている。ここでの協定賃金が未組織の演奏家にも賃金相場として波及していくことになる。

なおスタジオ関係では、放送局・レコード会社—プロダクション・業者—演奏家という業界構造があり、そこでのプロダクションのマージンが不明朗だった。そこでユニオンは業者と交渉して音楽家の取り分を決めている。さらにユニオンは演奏家の供給事業もおこない、地域のコンサートなどの要望に応えている。

日本音楽家ユニオンは、企業に基盤のないフリーの労働者も、労働組合を組織することができることを示している。労働者を代表してユニオンが「共通規則」を設定し、「集合取引」で実現させている点ではユニオニズムの本道を歩んでいる。流動的労働市場の労働者を職種別ユニオンに結集している事例である。

この日本音楽家ユニオンの音楽家や建設労組の職人が自営業者ではなく、労働者であることを参考にして立ち上げたのが、プロ野球労組（プロ野球選手会）である。一九六五年頃に労働組合をつくる動きがあったが、事前に経営者に知られ、つぶされたという。今度はつぶされないようスーパースターをそろえ結成した。プロ野球選手会が労働委員会から労働組合として一九八五年に認定されたので、選手会はプロ野球労組にもなったのである。選手会の初代会長は中畑清、副会長は梨田昌孝と落合博満、掛布雅之らだった。

今日でも経営者団体である日本野球機構と毎年、団体交渉をおこなっている。二〇〇四年には近鉄バファローズをめぐってプロ野球球団の再編・縮小問題が生じた。プロ野球選手会（古田敦也会長）は球団の削減に反対した。そして九月一八、一九日に日本プロ野球史上初めてストライキを決行した。ストライキは世論の大きな支持を受けた。

プロ野球労組はプロの野球選手という「職種」を基準に組織し、プロ野球という「業種」の経営者団体（日本野球機構）を相手に団体交渉をおこなっている。また労働組合組織も労働力が流動する構造にもとづいて、読売巨人軍や西武ライオンズといった球団ごとに企業別組合はおかず、統一指導部のもとで業種別ユニオンを構成している。

選手の最低年俸は日本野球機構との交渉によって決められている。一軍のスター選手の高額年俸とはうらはらに普通の選手の給与は高くない。団体交渉によって一軍の選手は一四三〇万円、支配下選手は四二〇万円の水準を労働協約で決めている(二〇一七年野球協約)。

やや詳しく二つの経験を紹介してきたが、企業別組合が主流の労働運動のなかで、業種別職種別ユニオンが関生支部だけではなく、いくらかでも存在してきた事実は軽んじてはならない。音楽家やプロ野球選手はやや遠い存在かもしれないが、生コン労働者ならば、トラック運輸労働者、保育士、介護福祉士、ビルメン技術者、公務部門の非常勤職員、あるいはコンビニや各種量販店の店長・店員などにイメージは広げられるだろう。

実際に、一般組合の形成運動の時期に、建設一般全日自労はダンプ運転労働者六二〇〇人、建設関連技術者一五〇〇人、ビルメンテナンス労働者九〇〇人、学童指導員七〇〇人などを、業種別に組織していた(一九八九年)。もし関生支部と合流していれば、全国的な一般労働組合も夢ではなかったかもしれない。

さらに、関生支部のところでふれたように、関生方式は圧送業界やバラセメント業界にも広がっている。例えば圧送業界は、コンクリート圧送工事業として建設産業の専門工事業に位置づけられている。専門工事業には鳶《とび》や土工、鉄筋、左官、大工などの業種があり、それらは大手建設会社のもとで一次下請の専門工事業として組み込まれている。そうであるならば、圧送業界でできたことが建設産業に、そして生コン運輸できたことが運輸産業にそれぞれ広がらないわけはないだろう。まずは業種別職種別ユニオンの発想に立って実践してみることだ。

方途3　業界の産業構造を改革する運動

日本でユニオニズムを創造するうえで、どうしても避けて通れない課題は業界の構造を改革する政策運動だ。賃金や労働条件が個別企業の業績に左右されず、大枠で業種や職種のあり方から決まってしまう。非年功型労働者が働いている多くの業界がそうだ。

そして着目すべきは、この労働条件の業種・職種による規定性こそが、労働者の企業横断的な連帯の基盤を提供していることだ。同じ業界で働いていれば、同じような仕事をさせられている。処遇もどこでも同じようなものと感じるだろう。この業界の構造を明らかにし、改革の道筋を示すのが産業別組合の政策運動である。その方法は、労働条件の向上の場合と同じように、産業別団体交渉と政府への政策制度闘争の二つである。業界構造を改革するいくつかのテーマについてふれておこう。

一つは、産業のなかに上下の系統関係があり、中小業者が圧迫されている構造である。それは元請・下請関係、発注・受注関係、フランチャイズの本部とオーナーとの関係など日本では無数にみられる。そこでは対等な商取引が阻害され、結局、労働者に過酷な働き方が強いられることになる。古くから建設産業や運輸産業の下層労働者はつねにこの構造のもとにおかれてきた。対事業所サービスではIT産業やビルメン産業、デザイン業界、マスコミ産業のプロダクションなどに下請構造があり、またコンビニエンスストアのフランチャイズ店はつねに本部から不当な契約条件を押しつけられている。

このような上下の系統関係の上部には、大企業が位置し、利益を得ている。大企業に対抗して中小業者の結束をはかることがめざされなければならない、そこでは、関生支部の経験が教えているように、産業別組合の働きかけによって中小企業の連携がなされることが重要だ。

第二は、中小企業のなかで過当競争が展開されている構造である。系列下請の構造はなくても企業間の競争が激しく、労働者を圧迫している。運輸部門でのバス・タクシー労働者など、規制緩和による過当競争と、強い労働市場圧力による低賃金と過酷な労働が広がっている。ここでは業界団体による過当競争の排除の努力と、政府へ規制を要求する政策運動が求められる。

また過当競争という点では、小売・飲食の大手企業では、外食の大手チェーン店、各種量販店といった業態でも競争が激しい。大手資本は、マニュアル労働・低処遇・過酷労働・短期雇用の経営モデルでのぞんでいる。ここでは、業界構造の改善よりも、そもそも産業別組合によって中枢の本部に労働条件を改善させ、やがて企業横断的に労働条件をそろえる戦略をめざすことになるだろう。

第三は、社会的サービス部門において民営化と公的支援の削減によって生まれた構造である。社会的サービス部門はこれまでは多くは公共的な事業体でなされてきた。この分野に、政府の新自由主義政策のもとで規制緩和がなされた。その分野に民間資本が参入し、社会的サービスを商品化し、大きな企業に成長した。利潤追求する資本は、人件費を削ることで低賃金化とサービスの質の低下をもたらした。

ここでは再公営化と公的支援の拡充が戦略となるだろう。ヨーロッパでは反新自由主義の運動として再公営化の運動が広がっている。水道事業を再公営化させる運動を中心に公営に戻す運動だ。イギリスでは二〇二〇年、北部地方で分割民営化されていた鉄道が再国有化された。

再公営化の運動で重要なのは、たんに国有化や自治体の施設に戻すのではないことだ。社会的所有＝コモン〈共〉の思想にもとづいて、関係者すべての「自己管理」にすることをめざしている(岸本、二〇二〇)。それは労働組合が、利用者や消費者すべてを巻き込んだ「産業のあり方を問う」運動から始まるだろう。

この領域は広い。株式会社化された保育園や介護施設、図書館、水道・清掃、鉄道やバスの公共交通、あるいは電力、公的支援が削減されている医療や教育、これらの分野だ。再公営化と公的支援の拡充を軸に反新自由主義の大きな戦線を築くことができるに違いない。

第四は、公務公共分野で非正規雇用(「官製ワーキングプア」)が広がることでつくられた劣悪な構造である。民間分野でも非正社員は急増しているが、ここで公務部門を取りあげたのは、公務員賃金制度は変質してしまったが、そもそもはアメリカ占領軍の指示で、アメリカの職務給をベースにしてつくられたからである。

問題の核心は、職務給は職務分析・職務評価にもとづいて職務等級を決定しているところにある。つまり、職務等級制度によるならば、雇用形態の区別ではなく、職務の価値にもとづいて序列がなされる。そこで、将来展望として、非常勤職員を期限の定めのない無期雇用にし、正規・非正規を問わず、同一価値労働同一賃金の原則にもとづいて職務評価をおこなう。その職務序列に処遇を合わせることをめざすべきだろう。こうして、非正規雇用の雇用形態差別を是正するとともに、男女の賃金差別やエスニシティによる賃金差別を含め、ジョブが平等と差別を分ける基準であるとの世界標準に近づくことができるのである。

以上述べてきたように、労働者の働き方を規定している産業構造を明らかにし、その構造を変えることができるのが産業別組合である。またこの産業構造の改革の運動では、企業別組合を含めて、産業にかかわる多くの労働組合が「産業のあり方を問う」運動に足並みをそろえることができるに違いない。

方途4　ゼネラル・ユニオンの戦略による労働運動の再生

業種別職種別ユニオンはユニオニズム創造へ向けた一歩だが、日本の労働組合の新生への巨歩はゼネラル・ユニオン（一般労働組合）となるだろう。それは労働運動の再生は日本では産業別組合ではなく、ゼネラル・ユニオンが適合的だと考えられるからだ。

まず、ゼネラル・ユニオンはあまり正確に知られていないので説明が必要だ。「第四章　歴史編3」のイギリスの例でみたように一般労働組合は、職業別組合が組織することのなかった不熟練労働者を組織する過程で成立した。その後も、一般組合は大々的な組織化をおこなった。

その組織化についてホブズボームは、「一般組合が根づくのはおもいのままであった」と指摘している。一般組合は「完全に無視されていた（運輸のような）産業、職能別組合が上層部で確立されていた産業（船舶、鉄および鋼、機械）の低階層、あるいは、組合運動の局地化によって無視されていた全地域」（ホブズボーム、一九六八b）など「いたるところで組織」されたと述べている。

要するに、一般労働組合は既存の労働組合から無視され、残された広大な領域に労働組合を確立したことになる。ここで注目したいのは、旧来の労働組合から「無視されていた産業」、および「上層部」が組織していた産業の「低階層」のところだ。産業の「上層部」で職業別組合が確立されている、その「産業の低階層」でゼネラル・ユニオンが組織化を進めたとの指摘だ。

今日の日本に引き寄せて考えるとこうなる。民間大企業や官公部門では、各産業の「上層部」は企業別組合で組織されている。しかしその「低階層」には「非年功型労働者」が存在し、労働組合がない。つまり日本の労働組合はA産業には労働組合があるが、B産業には労働組合がないという状態ではなく、産業ごとに上層・下層の横割りの関係で労働組合のあるなしがある。この「下層」に産業・企業を超えて業種別職種別ユニオンが浸透していく。このようなイメージになるだろう。ここから導きだせるのは、日本で労働組合の形態転換をめざす場合に、産業別に整然と区切られた産業別組合ではなく、ゼネラル・ユニオンが適しているとの結論だ。

さてそれではこのゼネラル・ユニオンと、業種別職種別ユニオンとはどのような関係にあるのだろうか。ここから遠大な「労働組合の未来」を考えてみよう。

日本ではゼネラル・ユニオンは誰でも入れる個人加盟組織の組合との理解が一般的だ。地域合同労組と同じようにもみられている。しかしゼネラル・ユニオンの理解の根本は個人加盟組織にあるのではなく、「トレード・グループ」(業種別部会)の存在にある。

ゼネラル・ユニオンは雑多な労働者の集まりではなく、そのなかは産業・業種の枠があり、組合員はその枠ごとに整然と区切られている。その「トレード・グループ」に対応して産業・

業種の経営者団体があり、そこと団体交渉をおこなっている。ゼネラル・ユニオンは「業種別部会」が横並びしながら、一つに結びついている結合体なのである。

この理解に立てば大きな展望がみいだせる。業種別職種別ユニオンは、未来のゼネラル・ユニオンの「トレード・グループ」として位置づけられるからだ。つまり、先取りしてみれば、業種別職種別ユニオンは、未来の全国的なゼネラル・ユニオンの構成部分になる存在であり、そのパーツなのである。業種別職種別ユニオンが数多く生まれ、それらが結合することで、やがてゼネラル・ユニオンの全国組織が生まれる。小さな営みはやがて大きな流れとなるだろう。

今ある産業別の全国組織や合同労組、コミュニティ・ユニオンなどもこの方向に向けて改革をめざすことが期待される。企業別組合もユニオニズムを創造する流れに合流することだ。例えば企業別組合の中心メンバーが外部の個人加盟ユニオンに二重加盟するなどして、労働者の連帯のエネルギーを企業内に環流させることをつうじて「内部改革」は進むだろう。

合同労組やコミュニティ・ユニオンも、そのなかにある業種別部会を地域的な交流や企業別組合の集合体にとどめることなく、だんだんと業種別の結集軸に発展させていくことが求められる。このことをなし得たら、業種別職種別ユニオンと、既存の労働組合の「業種別グループ」とが連携し、集団交渉も可能になるだろう。それをへて、業種・職種を結集軸にした労働組合の合同運動を展開する段階に入ることができる。この合同運動と新しいユニオンの創造によって、全国的なゼネラル・ユニオンを日本で創造する展望が開かれるに違いない。
一九八九年、これまで労働運動をリードしてきた総評が解散し、連合・全労連・全労協の三つの全国組織がつくられた。それから三〇年ほどがたつが、三つの組織ともどもが勢力を減退させながらも分立したままだ。ゼネラル・ユニオン全国組合の出現は、この言わば労働運動の「一九八九年体制」に一石を投じることになるだろう。それはユニオニズムにもとづくゼネラル・ユニオンは労働者の統一の中心になる資格をもっているからだ。ユニオニズムの創造と既存の労働組合の改革とが合流しながら、ユニオニズム的に純化していく過程こそが日本の労働運動の再生なのである。

この一般労働組合の形成運動は労働運動を再生するにとどまらない。関生型運動が限定された領域でヨーロッパ的な社会の萌芽を生みだしていることはすでに指摘した。一般組合の形成運動は、その部分領域が全面化することでもある。さらにそれに加えて想起すべきは、イギリスで労働政治のメカニズムを作動させて福祉国家の基盤をつくったことである。つまりウェッブの「集合取引」の方法は産業別団体交渉へ、「法律制定」の方法は福祉国家へと、それぞれ発展する方向性を示している。だから一般労働組合の戦略によるユニオニズムの創造は、これまでの日本社会を根本からつくり変えることにつながるのである。

方途5　ユニオニズム創造の担い手

それではユニオニズムの創造というミッションをいったい誰が担うのだろうか。これまでみてきた歴史から、おのずと明らかだろう。担い手は一人ひとりの自覚した個人である。組織や他人から命じられたわけではない。自発的な意思にもとづく個人が、しかも、バラバラにではなく、相互に結びついた集団として自覚的に行動する。彼らこそ活動家集団（ユニオン・アクティビスト）である。

イギリスでは一八八九年のロンドン・ドックのワーキングプアに働きかけた社会主義者や、ストライキを指導したトム・マンのような旧労働組合出身の活動家、八時間労働制の運動を担った労働組合の新しい活動家など、これらのニュー・ユニオニストたちだ。彼らは「「新」と「旧」との真の違いは、この国から貧困を一掃することがユニオニストの仕事だということ」(Torr, 1971)を認識しているかどうかだと言った。

日本でも、この国から貧困と過酷な労働を一掃することが「ユニオニストの仕事」だと自覚した活動家集団によって、ユニオニズムの創造は担われるに違いない。

ところで、ユニオニズムの創造は活動家集団が担うとしても、それは歴史から導かれることであって、いったいこの国のどこに存在しているのだろうか。それはわからない。わからないが、二〇〇〇年からの時の流れに眼をこらせば、みえてくるかもしれない。

二〇〇〇年以降の時間は、無駄な時のようであり、また貴重な流れのようでもあった。無駄というのは「旧来型労働組合」が時代に取り残され、衰退の道を歩む時間だったからだ。けれども、その労働組合の外にいた者にとっては価値のある時間だった。時代の転換を実感させる貴重な体験を重ねることができたからだ。

二〇〇〇年代に入ってすぐに、ある組合役員から「なんちゃって正社員みたいな人がいるのですよ」と言われた。それは周辺的正社員であり、本書で「非年功型正社員」と呼んだ労働者類型の登場を告げる指摘だった。二〇〇〇年代半ばには、戦前に「労働貧民」と訳されたワーキングプアという言葉が普通に使われるようになった。同じ頃、ある組合役員から「若者のなかで家族は今やぜいたく品と言われているのです」と聞かされた。若者の貧困が深まっている証だった。

二〇〇〇年代の後半になると労働相談をしている組合役員から「辞めさせてもらえないという相談が多いのです」と教えられた。これまでは不当解雇が雇用をめぐる相談の常識だったのに、なぜだろう。それは若者に過酷な労働を強いて、使えるまでは辞めさせずに使い潰す、使えなくなったら使い捨てる、このような人事管理がまかり通っているからだった。ある会社の社長は団交の席で「辞めてもらってけっこう、代わりは他にいくらでもいる」と、うそぶいたという。労働市場の構造変化を思い知らせる発言である。同じく二〇〇〇年代後半、若者の過労死・過労自死が相次ぎ、マスコミにも報じられた。経営者の冷酷さを広く知らせることになった。

二〇一〇年代になると「ブラック企業」の言葉が登場した。「ブラック企業」問題は「使い潰し・使い捨て」の人事管理が多くの業界・企業でなされていることを示した。しかし「ブラック企業」問題で最も重要なのは「ブラック」というレッテルを企業に貼り付けることによって、自分は悪くないとの意識と、さらにはユニオンで闘う姿勢をとるきっかけを与えたことである。

二〇〇〇年代の後半、ある労働組合の事務所に「あなたは悪くない」との大きな標語のポスターが貼られていた。若者はどんなに貧しくて、どんな虐げられても立ち上がらない。それは若者は自己責任論に屈するよりも前に、すでに無力感やあきらめといった自分で自分の力を削ぐような意識状況にあるからだ。この無力感と諦念《ていねん》感につけこんで経営者は、ノルマをこなせないのも、賃金が下げられるのも、解雇されるのも、それは「お前が悪いからだ」と言う。このような恫喝《どうかつ》がまかり通ってきた。無力感をもった若者はこの恫喝のもとで萎縮《いしゅく》する。

「ブラック企業」という言葉は、もしかしたら、自分が悪いのではなく企業が悪いのかもしれない、そう逆転させる意識をつくりだしたのである。実際、二〇一〇年代の中頃から若者を中心にした少なくない人々がユニオンで闘うようになった。ストライキを決行した闘いにメデイアが注目し、ネットでも驚異的な数で拡散され、共鳴の声が寄せられた。

しかしながら、やはりこの国の現在は、「一九世紀型の野蛮な労働市場」であることに変わりはない。ユニオニズム不在による悲惨な状態は広がりつづけている。だが一方では、一九世紀前半は、エンゲルスが観察した労働者の運動段階、つまり個人的反抗―集団的反抗―ストライキ・労働組合といった過程でもあった。

そこからみるならば、今の日本で起きている多くの人たちの離職・転職、泣き寝入り、パワハラ離職、パワハラによる引きこもりなどは反抗に行き着かない、困難からの個人的な離脱なのかもしれない。保育園の保育士による集団離職は、まさしく集団的反抗の門口《かどぐち》にあるとみるべきだろう。

自然発生的な運動エネルギーの大きな蓄積と旧来型労働組合の守旧性、このあいだの巨大なギャップこそが現局面の焦点なのである。現在はこの潜在的なエネルギーが表面化する前夜にあると言えるだろう。

二〇〇〇年以降の経験の蓄積は「非年功型労働者」につぎのような単純な論法を受け入れさせているようだ。①会社にいても生活は良くならない、②転職しても変わらない。③それならユニオンで闘う以外にはない。これまでは会社にいれば賃金も上がり、雇用も安定していた。辞めれば失うべきものはたくさんあった。今は何もない。転職しても同じようなもの、それならば、ということで、ユニオンに向かう。「非年功型労働者」に共通する意識だろう。

戦後すぐの労働運動は燎原の火のように広がったと形容される。それは企業別組合というあだ花を咲かせたことでもあった。今では形は違ってもユニオニズムが芽生え、花咲く時代を迎えようとしている。目の前には洋々と広がる燎原の火がある。火の勢いは、自覚的意思で結ばれた活動家集団の勢力いかんにかかっている。

すでに新しいユニオン運動を支えるために労働相談活動に参加しているボランティアは数多くいる。また個人加盟ユニオンを支援するために、企業別組合の活動家が二重加盟している例は少なくない。今もユニオン運動を支える労働者や学生、退職者などのボランティアがたくさん活動している。さらに多くの人々がこの流れに合流するならば、それこそが、ユニオニズムの創造と、日本社会を根本的に変える大きな力になるだろう。

あとがき

もし私が労働運動史の専門研究者ならば、このような本は出さなかっただろう。また専門研究者であれば、労働組合の現状分析や改革の方向を含めた本を出すことには尻込みしたに違いない。私はアカデミズムの専門研究と運動現場とをつなぐ「通訳者」「翻訳者」であることを任じてきた。そのような立場から書いた本書は、専門書でも啓蒙書でもないので、それぞれの観点からの不満はあるだろう。

だが、両者を架橋する作業が必要だと考えている。労働問題研究の学問の世界では、働く者のリアルな現実や運動からかけ離れた研究が旺盛になされている。一方、運動の現場では毎年の春闘と時々の政治課題に追われ、理論を踏まえて将来をみすえた議論はみられない。

ところで私は「労働組合論」の授業を、法政大学の非常勤講師として一九八四年から十数年間、担当してきた。通年授業の講義の半分以上は本書の歴史部分だった。一冊の本にまとめたいとの気持ちはあったが、「本当の労働組合」の歴史を受けとめるような状況に日本の労働運動はないと長らく思っていた。

だが今から七年ほど前、若手組合員から「労働組合史の入門書があればいいのに」との言葉を聞いた。その時、歴史から学ぶ姿勢は大切だが、いま必要なのは労働運動の現状をふまえた改革の構想だと思った。そこで、その必要の限りにおいて歴史を一定の枠で切り取ることにした。当然、労働組合の形態転換論に多くのスポットを当てることになった。また「権力万能」論に陥りがちな日本の労働運動にとって、ギルドや市民社会の歴史は欠かせないと感じた。

本書を含め歴史と理論から学ぶ目的は、運動の未来を議論するツール(道具)を身につけるためだ。未来のビジョンはどこからか与えられるのではない。運動の担い手が議論をつくし、あみあげるものだ。けれども、共通する一定のツールをもっていなければ、議論は実らない。本書で心がけたのはこの議論のツールを提供することである。

これらを分析のツールとして労働運動の再生の議論が活発になされることを期待したい。この議論こそが、運動の衰退を前進へと反転させる唯一の力になるだろう。

なお最後に、労働組合論という今時あまり関心がもたれない本書を、あえて出版に踏み切られた岩波書店と担当の中山永基さんに心から感謝申し上げたい。

二〇二〇年一二月

木下武男

参考文献

朝日新聞社編、一九九五、『カイシャ大国 戦後50年 3』朝日文庫
浅見和彦、一九八七、「運輸・一般労働者組合の源流と成立」『大原社会問題研究所雑誌』三四七、三四八、一九八七年一〇月号、一一月号
アッシュトン、T・S、一九七二、杉山忠平他訳『イギリス産業革命と労働者の状態』未来社
阿部謹也、一九八六a、『逆光のなかの中世』日本エディタースクール出版部
――一九八六b、『中世の星の下で』ちくま文庫
綾部恒雄、一九八八、『クラブの人類学』アカデミア出版会
綾部恒雄監修・川北稔編、二〇〇五、『結社の世界史4 結社のイギリス史』山川出版社
アンウィン、G、一九八〇、樋口徹訳『ギルドの解体過程』岩波書店
安保則夫他編、二〇〇五、『イギリス労働者の貧困と救済』明石書店
飯坂光雄、二〇〇四、『たたかいの記録――関東の生コン労働運動の40年』全日本建設運輸連帯労働組合
伊藤健市・関口定一編著、二〇〇九、『ニューディール労働政策と従業員代表制』ミネルヴァ書房
伊東光晴他、一九七八、『日本の経済風土』日本評論社
岩井章、一九八八、「総評解体に反対し、左派・良心派の結集をめざして」『国際労働運動』三月号
ウェッブ、シドニー&ベアトリス、一九二七、高野岩三郎監訳初版『産業民主制論』(六九年復刻)法政大

学出版局
——一九七三、荒畑寒村監訳『労働組合運動の歴史　上巻』日本労働協会
ウェーバー、マックス、一九五四、黒正巌他訳『一般社会経済史要論　上巻』岩波書店
植村邦彦、二〇一〇、『市民社会とは何か』平凡社新書
氏原正治郎、一九六八、『日本の労使関係』東京大学出版会
エンゲルス、フリードリヒ、一八四五、「イギリスにおける労働者階級の状態」大内兵衛・細川嘉六監訳『マルクス＝エンゲルス全集』大月書店、第2巻、一九六〇年
——一八八一、「労働組合」『全集』第19巻
——一八八五、「エンゲルスからベーベルへ(一〇月二八日)」『全集』第36巻
——一八八九a、「エンゲルスからベルンシュタインへ(八月二二日)」『全集』第37巻
——一八八九b、「ロンドンのドック労働者のストライキ」『全集』第21巻
——一八九二、「『イギリスにおける労働者階級の状態』ドイツ語第二版への序言」『全集』第22巻
大河内一男、一九六三、「労働組合」『大河内一男集』第四巻、労働旬報社、一九八〇年
大河内一男編、一九七三、『岩波小辞典　労働運動　第二版』岩波書店
大河内一男・氏原正治郎・藤田若雄編、一九五九、『労働組合の構造と機能』東京大学出版会
大河内一男・松尾洋、一九六九、『日本労働組合物語　戦後Ⅰ』筑摩書房
岡田与好、一九八七、『経済的自由主義』東京大学出版会
小川登、一九七三、『労働経済論の基本問題』ミネルヴァ書房
川北稔、一九八六、「「世界の工場」の玄関口」喜安朗・川北稔『大都会の誕生』有斐閣選書

川名隆史他、一九八七、『路上の人びと――近代ヨーロッパ民衆生活史』日本エディタースクール出版部
河西宏祐、一九八九、『企業別組合の理論』日本評論社
岸本聡子、二〇二〇、『水道、再び公営化!』集英社新書
木下武男、一九八五、「未組織労働者の組織化は戦略的課題」日本の労働組合運動編集委員会編『日本の労働組合運動5 労働組合組織論』大月書店
――一九九七、「日本的労使関係の現段階と年功賃金」渡辺治他編『講座現代日本3 日本社会の再編成と矛盾』大月書店
――一九九九、『日本人の賃金』平凡社新書
――二〇〇七、『格差社会にいどむユニオン』花伝社
――二〇一二、『若者の逆襲』旬報社
喜安朗、一九八九、「居酒屋からゴゲットへ」『シリーズ世界史への問い4 社会的結合』岩波書店
熊谷徹、二〇一五、『ドイツ人はなぜ、1年に150日休んでも仕事が回るのか』青春新書
熊谷徳一・嵯峨一郎、一九八三、『日産争議1995――転換期の証言』五月社
熊沢誠、一九六二、「年功賃金論と同一労働同一賃金」岸本英太郎編著『日本賃金論史』、ミネルヴァ書房
――一九六六、「労働組合の経済理論」岸本英太郎編『労働組合の機能と組織』ミネルヴァ書房
――一九七〇、『寡占体制と労働組合』新評論
――一九八一、『日本の労働者像』筑摩書房
栗田健、一九六三、『イギリス労働組合史論』未来社
――一九八三、『労働組合』日本労働協会

神代和欣、一九六六、『アメリカ産業民主制の研究』東京大学出版会
ゴードン、D・M他、一九九〇、河村哲二他訳『アメリカ資本主義と労働』東洋経済新報社
コール、G・D・H、一九五二、林健太郎他訳『イギリス労働運動史Ⅰ』岩波書店
――一九五三、林健太郎他訳『イギリス労働運動史Ⅱ』岩波書店
今野晴貴、二〇一二、『ブラック企業』文春新書
――二〇一五、「近年の若年労働問題の発生要因の考察」『日本労働社会学会年報』第二六号、東信堂
――二〇二〇、『ストライキ2.0 ブラック企業と闘う武器』集英社新書
坂巻清、一九八七、『イギリス・ギルド崩壊史の研究』有斐閣
産別会議史料整理委員会編、一九五八、『産別会議小史』産別会議残務整理委員会
清水慎三、一九九二、「戦後労働運動を語る③」『月刊 労働組合』六月、労働大学調査研究所
昭和同人会編、一九六〇、『わが国賃金構造の史的考察』至誠堂
隅谷三喜男、一九五五、『日本賃労働史論』東京大学出版会
――一九七六、『日本賃労働の史的研究』御茶の水書房
全日本建設運輸連帯労働組合関西地区生コン支部(関生支部)、一九九四、『風雲去来人馬――関西地区生コン支部闘争史―1965～1994年』
――二〇一五、『関西地区生コン支部労働組合50年』社会評論社
武建一、一九八二、「関西生コン労働組合運動の歴史と到達点」『賃金と社会保障』八月上旬号
竹信三恵子、二〇二〇、「ルポ 労組破壊(上)」『世界』二月号
竹前栄治他編、一九九二、『資料日本占領2 労働改革と労働運動』大月書店

参考文献

田島司郎、一九八一、『アメリカ労務管理形成史』ミネルヴァ書房
田中博秀、一九八八、『日本的経営の労務管理』同文舘出版
田辺勝也、一九八五、「遍歴制度についての一考察」吉村励編『労働者世界を求めて』日本評論社
津田真澂、一九七二、『アメリカ労働運動史』総合労働研究所
角山栄、一九七五、『生活の世界歴史10　産業革命と民衆』河出書房新社
藤内和公、二〇〇五、「ドイツにおける労働条件規制の交錯」『岡山大学法学会雑誌』三月
徳永重良、一九六七、『イギリス賃労働史の研究』法政大学出版局
戸塚秀夫、一九七七、「イギリス資本主義と労資関係」戸塚秀夫他編『現代労働問題』有斐閣
ドボフスキー、メルビン、一九八九、久田俊夫訳『〝ビック・ビル〟へイウッド——IWWとアメリカ労働運動の源流』批評社
トムスン、E・P、二〇〇三、市橋秀夫他訳『イングランド労働者階級の形成』青弓社
内藤則邦、一九七五、『イギリスの労働者階級』東洋経済新報社
中木康夫、一九六〇、「商業の発達とギルド制度の変容」大塚久雄他編著『西洋経済史講座I　封建制の経済的基礎』岩波書店
中西洋、一九七九、『日本における「社会政策」・「労働問題」研究』東京大学出版会
中林賢二郎、一九七九、『現代労働組合組織論』労働旬報社
成瀬治、一九八四、『近代市民社会の成立』東京大学出版会
——一九八九、「「市民的公共性」の理念」前掲『シリーズ世界史への問い4』
二村一夫、一九七五、「労働者階級の状態と労働運動」『岩波講座　日本歴史18　近代5』岩波書店

――一九八七、「日本労使関係の歴史的特質」『社会政策学会年報』第三一集、御茶の水書房
野村達朗、一九七三、「ジョー・ヒルの裁判」『現代世界研究』二号、一九七三年三月
ハーヴェー、ジョン、一九八六、森岡敬一郎訳『中世の職人 I職人の世界』原書房
萩原進、一九七七、「アメリカ資本主義と労資関係」前掲『現代労働問題』
ハーバーマス、ユルゲン、一九七三、細谷貞雄訳『公共性の構造転換』未来社
浜林正夫、二〇〇九、『イギリス労働運動史』学習の友社
久田俊夫、一九九〇、『アメリカ・サンディカリズムの〝頭脳〟』御茶の水書房
ヒューバーマン、レオ、一九五四、小林良正他訳『アメリカ人民の歴史 下』岩波新書
兵藤釗、一九七一、『日本における労資関係の展開』東京大学出版会
平尾武久、一九八四、『アメリカ労務管理の史的構造』千倉書房
藤田若雄、一九七二、『日本の労働組合』日本労働協会
ブレイヴァマン、H、一九七八、富沢賢治訳『労働と独占資本』岩波書店
ブレッヒャー、ジェレミー、一九八〇、戸塚秀夫他訳『ストライキ! アメリカの大衆ラジカリズム』晶文社
プレティヒャ、ハインリヒ、一九八二、関楠生訳『中世への旅 都市と庶民』白水社
ブレンターノ、ルヨ、一九八五、島崎晴哉他訳『現代労働組合論 上 イギリス労働組合史』日本労働協会
ペリング、ヘンリー、一九六五、大前朔郎訳『イギリス労働組合運動史』、東洋経済新報社
ボイヤー、R・O、モレース、H・M、一九五八、雪山慶正訳『アメリカ労働運動の歴史I』岩波書店
――一九五九、雪山慶正訳『アメリカ労働運動の歴史II』岩波書店

法政大学大原社会問題研究所編、一九九九、『日本の労働組合100年』旬報社
細谷松太、一九八一、『細谷松太著作集II　労働戦線の分裂と統一』鼎出版会
ホブズボーム、E・J、一九六八a、安川悦子他訳『市民革命と産業革命』岩波書店
――一九六八b、鈴木幹久他訳『イギリス労働史研究』ミネルヴァ書房
――一九八四、浜林正夫他訳『産業と帝国』未来社
前川嘉一、一九六七、『イギリス労働組合主義の発展(改訂版)』ミネルヴァ書房
増田四郎、一九七四、『西洋中世社会史研究』岩波書店
松村高夫、一九八四、「19世紀イングランドの民衆運動」『歴史学研究』五三四号、一〇月
――一九八九、「労働者階級意識の形成」前掲『シリーズ世界史への問い4』
マルクス、カール、一八四四、「ユダヤ人問題によせて」前掲『マルクス＝エンゲルス全集』第1巻
――一八四七、「哲学の貧困」『全集』第4巻
――一八六七、「個々の問題についての中央評議会代議員への指示(労働組合――その過去、現在、未来)」『全集』第16巻
――一八六八a、「マルクスからエンゲルスへ(一〇月一〇日)」『全集』第32巻
――一八六八b、「マルクスからシュヴァイツァーへ(一〇月一三日)」『全集』第32巻
――一八六九a、「ハマンとの会話」マルクス＝エンゲルス選集刊行委員会訳『労働組合論』国民文庫、一九五四年
――一八六九b、「ハマンとの会談」(訳出　佐々木隆治)『MEGA』九〇六～九〇七、1/21
見市雅俊、一九八二、「パブと飲酒」角山栄他編『路地裏の大英帝国――イギリス都市生活史』平凡社

水戸信人、二〇〇〇、「産別民同がめざしたもの」法政大学大原社会問題研究所編『証言　産別会議の運動』御茶の水書房
安川悦子、一九八二、『イギリス労働運動と社会主義』御茶の水書房
山本忠利他、一九八〇、『ドキュメント　東京電力』労働旬報社
ラングトン、J&モリス、R・J、一九八九、米川伸一他訳『イギリス産業革命地図』原書房
リューデ、ジョージ、一九八二、古賀秀男他訳『歴史における群衆——英仏民衆運動史１７３０〜１８４８』法律文化社
レンショウ、P、一九七三、雪山慶正訳『ウォブリーズ』社会評論社
労働運動史研究会編、一九七〇、『産別会議——その成立と運動の展開』労働旬報社
労働政策研究・研修機構、二〇一三、『団結と参加』(労働政策レポート Vol. 10)
Baker, Julie, 2007, *The Bread and Roses Strike of 1912*, Morgan Reynolds Publishing
Hobsbawm, E. J. 1984, *World of Labour: Further Studies in the History of Labour*, Weidenfeld and Nicolson London
Pelling, Henry, 1992, *A History of British Trade Unionism*, Palgrave Macmillan
Terry, McCarthy, 1988, *The Great Dock Strike 1889*, Weidenfeld & Nicolson
Torr, Dona. 1971, Tom Mann and his Times, 1890–92, in L. M. Munby ed., *The Luddites, and Other Essay*, London Michael Katanka (Books) Ltd.

木下武男

1944年生まれ．元昭和女子大学教授．労働社会学．
法政大学大学院社会学専攻修士課程修了．鹿児島国際大学福祉社会学部教授，昭和女子大学人間社会学部教授などを歴任．著書に『日本人の賃金』(平凡社新書，1999年)，『格差社会にいどむユニオン――21世紀労働運動原論』(花伝社，2007年)，『若者の逆襲――ワーキングプアからユニオンへ』(旬報社，2012年)など．

労働組合とは何か　　岩波新書(新赤版)1872

2021年3月19日　第1刷発行
2023年5月15日　第3刷発行

著　者　木下武男《きのしたたけお》

発行者　坂本政謙

発行所　株式会社 岩波書店
〒101-8002 東京都千代田区一ツ橋2-5-5
案内 03-5210-4000　営業部 03-5210-4111
https://www.iwanami.co.jp/

新書編集部 03-5210-4054
https://www.iwanami.co.jp/sin/

印刷・理想社　カバー・半七印刷　製本・中永製本

ISBN 978-4-00-431872-9　　Printed in Japan

岩波新書新赤版一〇〇〇点に際して

ひとつの時代が終わったと言われて久しい。だが、その先にいかなる時代を展望するのか、私たちはその輪郭すら描きえていない。二〇世紀から持ち越した課題の多くは、未だ解決の緒を見つけることのできないままであり、二一世紀が新たに招きよせた問題も少なくない。グローバル資本主義の浸透、憎悪の連鎖、暴力の応酬――世界は混沌として深い不安の只中にある。

現代社会においては変化が常態となり、速さと新しさに絶対的な価値が与えられた。消費社会の深化と情報技術の革命は、種々の境界を無くし、人々の生活やコミュニケーションの様式を根底から変容させてきた。ライフスタイルは多様化し、一面では個人の生き方をそれぞれが選びとる時代が始まっている。同時に、新たな格差が生まれ、様々な次元での亀裂や分断が深まっている。社会や歴史に対する意識が揺らぎ、普遍的な理念に対する根本的な懐疑や、現実を変えることへの無力感がひそかに根を張りつつある。そして生きることに誰もが困難を覚える時代が到来している。

しかし、日常生活のそれぞれの場で、自由と民主主義を獲得し実践することを通じて、私たち自身がそうした閉塞を乗り超え、希望の時代の幕開けを告げてゆくことは不可能ではあるまい。そのために、いま求められていること――それは、個と個の間で開かれた対話を積み重ねながら、人間らしく生きることの条件について一人ひとりが粘り強く思考することではないか。その営みの糧となるものが、教養に外ならないと私たちは考える。歴史とは何か、よく生きるとはいかなることか、世界そして人間はどこへ向かうべきなのか――こうした根源的な問いとの格闘が、文化と知の厚みを作り出し、個人と社会を支える基盤としての教養となった。まさにそのような教養への道案内こそ、岩波新書が創刊以来、追求してきたことである。

岩波新書は、日中戦争下の一九三八年一一月に赤版として創刊された。創刊の辞は、道義の精神に則らない日本の行動を憂慮し、批判的精神と良心的行動の欠如を戒めつつ、現代人の現代的教養を刊行の目的とする、と謳っている。以後、青版、黄版、新赤版と装いを改めながら、合計二五〇〇点余りを世に問うてきた。そして、いままた新赤版が一〇〇〇点を迎えたのを機に、人間の理性と良心への信頼を再確認し、それに裏打ちされた文化を培っていく決意を込めて、新しい装丁のもとに再出発したいと思う。一冊一冊から吹き出す新風が一人でも多くの読者の許に届くこと、そして希望ある時代への想像力を豊かにかき立てることを切に願う。

（二〇〇六年四月）